Dépôts légaux 2e trimestre 1985
Bibliothèque Nationale du Québec
Bibliothèque Nationale du Canada

Une production de:
Les Éditions Le Cercle international
des Gagnants enr.

Typographie:
Communications des Cantons inc.

Collection Motivation et Perfectionnement de soi
ISBN: 2-89323-991-9

Distribué par:
QUÉBEC LIVRES
4435 boul. des Grandes Prairies
Montréal, Qué. H1R 3N4
Tél: 514-327-6900

ANDRÉ SARRAZIN

UNE
RECETTE
INFAILLIBLE

Les Éditions Le CERCLE international
des GAGNANTS enr.
C.P. 57 Succursale R
Montréal (Québec)   H2S 3K6

Préface

Dans une société qui se cherche, qui est en perpétuels changements, une société qui semble de plus en plus échapper aux vraies valeurs, une société qui semble avoir de plus en plus de difficultés à payer le prix pour réaliser de petites ou de grandes choses, l'ennemi NO. 1 de la société, d'il y a dix ou vingt ans, l'est encore aujourd'hui: c'est la peur. Elle paralyse et enlève tous moyens à celui qui n'arrive pas à la surmonter.

Encore tout dernièrement, quelqu'un m'affirmait ne pas s'être fixé aucun objectif depuis aussi longtemps qu'il se souvenait et ne s'est pas gêné pour me dire que c'était tout simplement parce qu'il craignait de ne pas les atteindre, donc la peur de l'échec.

Tous, autant que nous sommes, avons cette peur présente intérieurement, ça ne fait aucun doute. Mais, il faut arriver à la contrôler et à la dominer.

L'auteur, un grand ami à moi, qui a connu sa part d'échecs, ne s'est jamais laissé abattre. Dans ce merveilleux livre, «**une recette infaillible**», l'auteur ne raconte pas sa vie, mais vous pourrez constater à travers ses récits, sa façon de voir la vie et les moyens personnels qu'il nous donne pour en disposer.

Vous savez qu'il n'existe aucune recette miracle qui guérit tous les maux, qui abat tous les obstacles sans effort. D'ailleurs, si vous ne le saviez pas, 90% de votre réussite dépend de la qualité de vos relations avec les autres. L'auteur, André Sarrazin, est la personne toute désignée pour vous donner cette recette.

VICTOR AUDET

Avant-propos

Vous savez que la vie est un perpétuel combat. Vous avez tous des choix à faire, des décisions à prendre à un moment ou à un autre, dépendant des orientations que vous voulez lui donner.

À travers ce livre, je fais, avec vous, une réflexion sur différents aspects, des étapes à franchir, certains moyens à prendre, afin de vous aider à vous sentir mieux dans tout ce que vous faites. La recette que je vous transmets, en toute simplicité, en est une **de «mieux-être», de succès possible en tout et partout**.

Je veux simplement, que vous trouviez les bonnes attitudes et façons très personnelles, qui vous permettront de mieux vous réaliser, de vous épanouir davantage...

Je désire aussi que vous preniez conscience, de certaines qualités qu'il est important de développer, et du potentiel que vous possédez déjà mais que vous n'utilisez pas toujours au maximum...

C'est seulement à coup «d'efforts» que nous construisons notre bonheur et notre succès.

Je suis conscient aussi, que je vous bouscule pour mieux vous faire réagir et réfléchir. Mais soyez assuré que je le fais avec beaucoup de sincérité et d'amour.

Pour profiter au maximum de ce livre, je vous conseille de lire tous les chapitres dans un court délai et ensuite, de relire un chapitre par jour. Ceci pour mieux vous imprégner de tous les moyens et suggestions positives. Ayez bien soin de lire ce livre plusieurs fois, sérieusement, attentivement et avec amour. Il peut être un point tournant dans votre vie.

DÉVELOPPEZ VOTRE «RECETTE INFAILLIBLE» PERSONNELLE!

ANDRÉ SARRAZIN

Je dédie ce livre à mes parents qui ont toujours su m'encourager et me supporter. Je leur exprime ma gratitude et mon amour!

Remerciements

C'est avec beaucoup d'émotion que je remercie toutes les personnes qui m'aident dans ma recherche personnelle, mon évolution, mon bonheur.

Ces personnes m'apportent leur confiance, leur expérience, leur sagesse et surtout, leur grande ouverture de cœur et d'esprit.

Pour tout ce que vous me donnez, pour tout ce que je reçois, Merci!

L'étrangère dans la maison

d'après Canadian Press

TORONTO

■ L'écrivain américain Pat Conroy a peut-être eu l'impression de vivre une histoire rappelant presque la trame de *Misery*, de Stephen King...

Conroy trône depuis une dizaine de semaines dans les positions supérieures de la liste des best-sellers du *New York Times Book Review* avec son plus récent roman, *Beach Music*.

Récemment, donc, Conroy est retourné chez lui, en Caroline du sud pour trouver, installée dans sa demeure, une parfaite et assez étrange inconnue !

Il raconte :

« Elle m'attendait et elle m'a tout de suite dit :

— Vous avez demandé le divorce ?

— Oui.

— Moi aussi, ne sommes-nous pas chanceux ?

— Euh... Mais je ne vous connais même pas !

— Oui vous me connaissez : j'ai lu votre livre...

Après lui avoir offert un café, je lui ai dit :

— Écoutez, je crois que je vais appeler la police.

— Je sais que vous ne ferez pas ça.

— Pourquoi ?

— Parce que j'ai lu votre livre... »

Conroy a fini par raccompagner la dame chez elle. Il conclut :

« Je crois que je vais déménager. Maintenant, lorsque je me promène sur la plage — ce qui constitue pour moi un rituel sacré et très intime —, les gens m'attendent avec des livres pour obtenir une dédicace... »

Le roman de Ying Chen
l'intériorisation des ch

À l'heure de la conférence de l

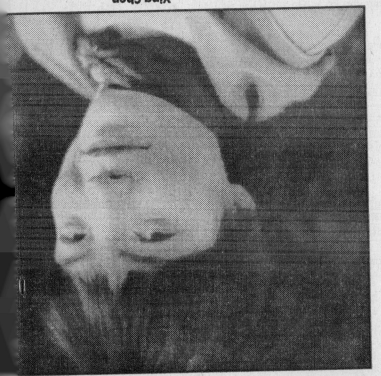

Ying Chen

TABLE DES MATIÈRES
Première partie
PENSEZ POSITIVEMENT

Deuxième partie
PASSEZ À L'ACTION

Troisième partie
AMÉLIOREZ VOTRE VIE

Première Partie

Pensez Positivement

I

UNE RECETTE
infaillible

La vie a placé à l'intérieur de nous un potentiel «d'Amour» extraordinaire. Utilisons-le au maximum!

UNE RECETTE INFAILLIBLE
DE SUCCÈS

Nous vivons dans un contexte où LES GENS SE CHERCHENT. Ils ne savent plus où se diriger, ni en qui mettre leur confiance. Les temps changent, les croyances évoluent, le mode de pensée n'est plus le même.

BEAUCOUP DE PERSONNES SE REMETTENT EN QUESTION. Ils reconsidèrent leurs valeurs, leur éducation, leur travail, leurs relations avec les autres, etc...

COMMENT GARDER L'ÉQUILIBRE à l'intérieur d'une société qui bouge à tous les jours, qui modifie ses structures et son contexte aussi rapidement qu'elle change ses gouvernements!

Souvent, L'ÊTRE HUMAIN, devant tous ces changements, ne sait plus comment s'orienter, se guider; il SE CHERCHE, essaie de se comprendre, de suivre le rythme infernal.

Dans toute cette bousculade, il est important de

17

toujours garder en mémoire que C'EST À L'INTÉRIEUR DE SOI QUE L'ON TROUVE LES RÉPONSES À SES QUESTIONS.

La vie a placé à l'intérieur de chacun de nous un potentiel de réussite, de succès, de détermination, de courage et bien plus encore... Servons-nous-en et sachons comment l'utiliser.

Il est bien évident que NOUS AVONS BESOIN D'ALLER CHERCHER DES ÉLÉMENTS DE MOTIVATION À L'EXTÉRIEUR, afin de nous nourrir et de nous aider à continuer la progression. Qu'ils viennent des livres, de nos amis ou de toute autre forme, nous avons besoin de ce carburant énergétique afin de poursuivre notre travail sur cette terre.

Et c'est au moment où nous vivons des périodes plus dures, que nous apprécions d'avoir accumulé ces réserves d'énergie, de motivation, de courage, cette volonté, qui nous permet de toujours revenir à des temps meilleurs.

N'oubliez jamais une chose: IL Y A EN NOUS UNE FORCE INCROYABLE QUI S'APPELLE «L'AMOUR», de soi, des autres, de la vie, et qui nous permet de toujours nous en sortir. Notre travail, nos amis, notre conjoint, notre entourage sont autant de sources où nous pouvons puiser cet **«AMOUR»**.

Nous déroulerons ensemble ce parchemin, qui contient une recette infaillible. Celle que vous utiliserez, tout au long de votre vie, pour être heureux.

CROYEZ TOUJOURS PLEINEMENT EN CE QUE VOUS ÊTES ET DANS CE QUE VOUS FAITES. Laissez toujours une place dans votre vie pour cette «**force**» et vous serez assuré du bonheur, de la réussite et du succès!

AMOUR
BONHEUR
RÉUSSITE
SUCCÈS

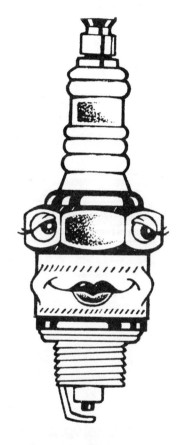

Si vous croyez pleinement en ce que vous êtes, et dans ce que vous faites, ce sera pour vous la bougie d'allumage, pour un merveilleux départ dans la vie.

UNE RECETTE INFAILLIBLE
DE SUCCÈS

Questions:

— Est-ce que vous croyez au succès et pourquoi?

_____

_____

_____

— Est-ce que vous utilisez la force de l'amour qui bouillonne à l'intérieur de vous, pour atteindre le succès?

_____

_____

_____

— Est-ce que vous croyez pleinement en ce que vous êtes et en ce que vous faites? Sinon, quels moyens prenez-vous pour vous améliorer?

_____

_____

_____

II

Une vie réussie, c'est quoi?

**Nous sommes le résultat de
ce que nous semons, pensons,
faisons,
et donnons à la vie.**

UNE VIE RÉUSSIE, C'EST QUOI?

TOUT DÉPEND où nous nous situons, de quel point de vue nous nous plaçons, quelles sont nos valeurs personnelles, notre façon de voir les choses. TOUT DÉPEND aussi de l'image que nous avons de nous-mêmes, des autres, de la vie; de notre capacité à exploiter notre potentiel positivement, à développer nos forces, nos qualités davantage, à améliorer nos faiblesses. TOUT DÉPEND aussi de la façon dont nous pouvons aimer notre travail, ceux avec qui on partage, les personnes qui nous entourent, qui ont un certain degré d'importance pour nous. TOUT DÉPEND quelle est l'intensité de notre désir à vouloir être bien, heureux, à vouloir faire de notre vie une réussite, un succès!

Enfin TOUT DÉPEND des moyens que nous prenons pour y arriver, des attitudes que nous adoptons, des gestes que nous posons, du temps, de l'énergie que nous sommes prêts à y consacrer. **Nous sommes le résultat de ce que nous semons, pensons, faisons, donnons à la vie.** C'est parfois heureux! C'est parfois cruel! Mais qu'on le veuille ou non, c'est ça!

Pour construire sa vie, il faut s'appuyer sur des bases solides, développer constamment cet équilibre, cette harmonie, en tout temps et en tout lieu, à tous les niveaux. **Nous bâtissons notre vie à tous les jours, pas une fois par semaine, une fois par mois**, en étant à l'affût de notre comportement à la seconde près, en nous ajustant à chaque personne, à chaque situation, à chaque événement.

Notre bien le plus précieux sur cette terre C'EST LA SANTÉ et malheureusement, c'est surtout lorsqu'on est malade qu'on le réalise. Nous avons tendance à la négliger parce que nous sommes tellement orientés vers autre chose que nous l'oublions. Quelquefois, c'est le contraire, on se fait beaucoup de bile à propos de tout et de rien ce qui crée notre maladie, par nos attitudes et notre façon de penser.

En consultation, je rencontre beaucoup de gens qui, par leur attitude mentale, prépare leur maladie, au lieu de la prévenir. «La température a changé ce matin, je vais sûrement avoir une grippe, un rhume, je sens que je vais être malade, ça s'en vient, je peux le dire» ou «ça n'arrive qu'à moi ces choses-là. Je suis la personne la plus malchanceuse de la terre». Avec des réflexions comme celles-ci, comment voulez-vous être en forme physiquement et mentalement? C'est impossible! Il faut tout de suite modifier ça. J'ai mentionné tantôt que nous sommes le reflet de ce que nous pensons...

Il en va de même dans les autres domaines de

notre vie. Je connais des gens qui se préparent à manquer leur coup, à chaque fois qu'ils veulent accomplir quelque chose. «Je sais très bien que je ne réussirai pas, c'est toujours la même chose qui se passe. Chanceux comme je suis c'est mon 'chum' qui va l'avoir». Souvent aussi, il y a des personnes dans leur entourage qui les aident en disant ceci: «Dépense pas ton argent pour rien, je le sais que tu vas échouer. Tu n'as jamais rien fait de bon de ta vie, comment veux-tu réussir ça; ou encore, tu ressembles à ta mère ou à ton père, tu vois ce qu'il ou elle a fait de sa vie; n'essaie pas de redresser un arbre qui est croche» etc... On entend toutes sortes de réflexions de ce genre. Pour utiliser l'expression courante, «avec des amis comme ça, on n'a pas besoin d'ennemis».

Ce n'est pas très encourageant pour ceux qui manquent déjà de confiance en eux et qui essaient de se prendre en main. C'est pourquoi **on doit commencer par vivre de petits succès au lieu de se lancer dans de grandes aventures**; on a plus de chance de réussir. On doit se prouver à soi-même qu'on peut réussir quelque chose et aux autres aussi. Même si on manque notre coup quelquefois, il ne faut pas se laisser abattre, au contraire, on doit être tenace et commencer par des choses qui nous tiennent à cœur. D'une réussite à l'autre, on bâtit sa confiance et ensuite, on s'attaque à un plus gros but, un rêve qu'on veut réaliser depuis longtemps. N'oubliez pas que ceci ne se fait pas en une journée, ni en une semaine; **c'est la question d'une vie**.

C'est à tous les jours qu'il faut travailler, semer, bâtir. Il y a des gens, quand ils décident de faire quelque chose, ils donnent un grand coup, et lâchent; ensuite ils sont déçus de ne pas réussir. C'est dans la continuité et la stabilité, en y mettant l'effort nécessaire que les bonnes choses arrivent. Il ne faut pas lâcher au premier coup dur, au contraire, il faut plutôt s'acharner tout en étant réaliste d'une façon positive.

RÉUSSIR SA VIE, c'est développer le sentiment d'être bien dans ce qu'on fait, dans ce que nous sommes. C'est aussi d'avoir l'impression d'être heureux, de s'accepter avec nos qualités et nos défauts ou de travailler à changer ce qui nous dérange; c'est d'être capable de s'aimer soi-même, d'aimer les autres, d'aimer la vie en général; de réussir ce qui nous tient à cœur, de vaincre nos ennemis, le doute, la crainte, la peur. C'est aussi de garder l'amour, la tendresse, la spontanéité d'un enfant; de toujours pouvoir s'épanouir quand même, à travers toutes les difficultés et les problèmes de la vie.

J'imagine des gens «sourire» en lisant ceci et faire la réflexion suivante: «il rêve en couleur». À ceux-là je dis «merci». C'est le plus beau compliment que vous pouvez me faire. **Je vous souhaite aussi de mettre un peu «de couleur» dans votre vie!**

UNE VIE RÉUSSIE, C'EST QUOI?

Questions:

— Réussir sa vie, c'est quoi pour vous?

_____

_____

_____

— Avez-vous assez confiance en vous pour être à
l'aise avec tout le monde?

_____

_____

_____

— Est-ce que vous travaillez à tous les jours à la
réussite de votre vie?

_____

_____

_____

III

La puissance qui est en vous

**Nos images mentales façonnent
et créent notre destinée.**

LA PUISSANCE QUI EST EN VOUS

Dans la vie, C'EST QUAND TOUT EST DIFFICILE QU'IL FAUT PERSISTER, PRENDRE SON COU-RAGE «À DEUX MAINS» et continuer sans jamais lâcher, un jour, il y aura des meilleurs moments.

Nous ne progressons pas dans la facilité; au contraire, nous évoluons dans la difficulté, dans la souffrance. C'est pour cette raison que lorsque tout va bien dans notre vie, il faut en profiter pour accumuler des forces mentales, du courage, de la volonté, de la détermination, pour faire face au creux de la vague lorsqu'il se présente.

Ceci fonctionne sur le même principe que la santé. IL FAUT TOUJOURS ÉQUILIBRER NOTRE CORPS afin de prévenir la maladie, accumuler de l'énergie afin d'avoir plus de résistance pour combattre les microbes. On fait ceci en ayant une alimentation saine, beaucoup de repos, de l'exercice et en prenant des vitamines qui compensent pour le manque d'équilibre quelquefois.

SUR LE PLAN MENTAL, c'est le même principe

pour la motivation. On se renforce par des lectures positives, des cours dans le domaine, de l'autosuggestion. On développe son enthousiasme, son dynamisme afin de toujours préparer sa réussite, son succès.

Servons-nous du plus merveilleux appareil que nous avons à l'intérieur de nous, pour nous aider à être plus heureux, pour obtenir ce que nous voulons, pour réaliser nos rêves et nos objectifs de vie. Cet ordinateur, c'est notre «SUBCONSCIENT». C'EST LE SECRET D'UNE PUISSANCE PRODIGIEUSE À NOTRE PORTÉE. Servons-nous-en, elle est là, à l'intérieur de nous, cette force de vie.

Il est important de se discipliner au niveau mental, d'apprendre à penser car NOS IMAGES MENTALES FAÇONNENT ET CRÉENT NOTRE DESTINÉE. NOUS SOMMES LE RÉSULTAT DE CE QUE NOUS PENSONS. Donc, il est important de connaître et de comprendre les lois fondamentales de la vie et de notre esprit, de la nature et des êtres humains.

Au Centre Coresprit à Montréal, où je pratique la «naturothérapie», nous donnons un cours que je considère être «le plus important» pour chaque individu et ceci, parmi tous les autres cours qui se donnent n'importe où. C'est un cours SUR LA «PROGRAMMATION DU SUBCONSCIENT»... Comment se servir de cette puissance que nous avons à l'intérieur de nous, pour nous permettre d'obtenir tout ce que nous voulons de la vie.

Nous désirons tous avoir une vie plus heureuse, plus pleine, plus riche; faire de meilleures affaires, résoudre nos problèmes professionnels, rétablir l'harmonie dans nos rapports familiaux.

IL Y A DE MULTIPLES FAÇONS D'IMPRESSION-NER NOTRE SUBCONSCIENT car il répond à l'image mentale et à la pensée qui est entretenue dans l'esprit. Il répond aussi aux sentiments que nous éprouvons: joie, bonheur, amour, peur, crainte, anxiété. Il répond aux choses dans lesquelles nous croyons vraiment et sincèrement.

LA LOI DE LA VIE EST UNE LOI DE CROYANCE et la croyance est la pensée qu'entretient notre esprit. La condition de notre esprit, de notre corps et des circonstances qui nous entourent, est telle que nous pensons, sentons et croyons. Il est donc important de comprendre ce que l'on fait et les raisons qui nous poussent à répondre à cette manifestation subconsciente.

NOUS DÉSIRONS TOUS, LA SANTÉ, LE BON-HEUR, L'AMOUR, LA PAIX DE L'ESPRIT, mais combien d'entre nous parviennent à des résultats bien définis! Il est donc primordial de s'unir mentalement et émotivement aux choses que nous désirons afin de les attirer vers nous par le pouvoir de notre pensée, de notre subconscient.

NOUS DEVONS PRATIQUER CECI À TOUS LES JOURS et à chaque jour de notre vie, pour les mêmes raisons que nous devons manger, boire...

Déjà, dès son jeune âge l'enfant a une foi inébran-
lable en la vie.
De grâce, ne la lui détruisez pas.

Quand nous comprenons l'importance de cette loi de la vie, nous nous efforçons de la mettre en pratique, de nous en servir comme une alliée; IL EST PRÉFÉRABLE QU'ELLE JOUE EN NOTRE FAVEUR PLUTÔT QUE CONTRE NOUS. Donc soyons conscients de toujours vivre sa vie d'une façon harmonieuse et équilibrée.

> **Subconscient**
> **Harmonie**
> **Équilibre**

C'est un besoin naturel pour l'être humain de rechercher la santé, le bonheur, l'amour ainsi que la
paix de l'esprit. Et malheureusement encore trop
peu de gens y parviennent.

LA PUISSANCE QUI EST EN VOUS

Questions:

— Avez-vous l'impression que vous vivez en harmonie avec la vie?

_____

_____

_____

— Utilisez-vous adéquatement la puissance de votre subconscient?

_____

_____

_____

— Est-ce que vous obtenez des résultats concrets pour lesquels vous êtes satisfaits? Quels sont-ils?

_____

_____

_____

IV

VOUS RÉCOLTEZ CE QUE VOUS SEMEZ

Passez à l'action maintenant, commencez tout de suite à semer du positif, si vous voulez en récolter.

VOUS RÉCOLTEZ CE QUE VOUS SEMEZ

Plusieurs personnes se disent: «Je voudrais être heureuse, bien dans ma peau, réussir ma vie». Que font-elles pour atteindre leurs objectifs, leurs buts, leurs rêves, leurs désirs. QUELS MOYENS PRENNENT-ELLES POUR SE PRENDRE EN MAIN, progresser vers un futur, meilleur, préparé, planifié?

Plusieurs personnes ignorent complètement les lois de la vie, de la nature et la puissance du subconscient. ON DIRAIT QU'ELLES NE VEULENT PAS APPRENDRE. Elles ne lisent pas, se tiennent toujours dans le même milieu, avec les mêmes gens, écoutent les mêmes émissions de télévision, de radio, mangent toujours la même chose, visitent les mêmes endroits. Comment veulent-elles, en vivant de cette façon, progresser, s'améliorer, changer quelque chose. ELLES NE BOUGENT PAS ou plutôt elles tournent en rond. Pourtant elles se plaignent, pleurent sur leur sort, critiquent leur situation, leur vie, leurs amis, leurs patrons, leurs confrères ou consœurs de travail. Elles sont jalouses de tous ceux qui réussissent quelque chose; elles envient le progrès, le changement. Elles pensent et agissent de cette façon mais dans leur for intérieur elles aussi, aimeraient être populaires, avoir une belle personnalité, posséder peut-être un commerce, une entreprise, RÉUSSIR QUELQUE CHOSE, participer à des activités, être membres de divers clubs sociaux etc...

Le seul, unique et important problème qu'elles rencontrent, c'est QU'ELLES NE PASSENT PAS À L'ACTION. Au lieu de prendre le train, elles le regardent passer. Vous connaissez sûrement des gens dans votre famille, votre entourage, qui vivent de cette façon! Pas besoin de chercher longtemps, c'est plein autour de vous...

Et vous qui lisez ce livre, profitez-en pour vous poser les questions suivantes: «Est-ce que vous êtes sincèrement satisfait de l'effort que vous mettez à chaque jour pour vous améliorer, pour faire avancer votre situation, à tous les niveaux (financier, familial, social). Est-ce que vos objectifs de vie sont définis d'une façon claire, nette, précise ou si vous vous laissez balloter comme une feuille au vent, au gré des événements et des circonstances? Êtes-vous satisfait de vos performances dans l'ensemble?

RÉFLÉCHISSEZ QUELQUE TEMPS SUR CES QUESTIONS! Prenez le temps de bien les intégrer, de les mûrir avant d'y répondre. Laissez-les mijoter à l'intérieur de votre tête, de tout votre être; imprégnez-vous lentement, sans forcer dans le calme et

Empressons-nous de dévoiler tous les atouts que nous possédons afin d'être mieux apprécié!

la paix. Si vous procédez de cette façon, vous obtiendrez «votre vraie réponse».

À PARTIR DE LA RÉPONSE OBTENUE, AGISSEZ EN CONSÉQUENCE! Cessez de vous leurrer et de vous raconter des histoires. Si vous voulez vous améliorer et progresser dans votre vie, regardez la vérité et faites-y face. C'est dur mais c'est la seule façon. Comptez seulement sur vous-même et vous réussirez!

Je donnais dernièrement une conférence de «motivation» à un groupe de vendeurs pour une compagnie. Je constatais qu'il y avait en eux beaucoup de détermination mais qu'ils atteignaient des résultats médiocres. CES PERSONNES VOULAIENT RÉUSSIR MAIS ELLES NE PRENAIENT PAS LES BONS MOYENS. Si on veut réussir dans la vie, il faut se voir en train de réussir, vaincre ses craintes, ses peurs; utiliser son subconscient, au maximum. C'est la «mécanique» la plus merveilleuse que nous possédons.

Souvent je reçois à la «Clinique Coresprit» à Montréal, où je pratique l'hypnose, des vendeurs et vendeuses qui veulent se motiver, développer leur confiance en eux, améliorer leur chiffre de vente etc... C'est curieux car les personnes qui viennent me voir, qui se font faire des cassettes personnalisées, sont toujours parmi les premiers vendeurs de leur compagnie. Les autres, je ne les vois pas; c'est pourtant eux qui auraient le plus besoin d'améliorer leur performance. Vous récoltez seulement ce que vous semez. C'est un des grands principes de vie!

Semez l'amour, l'affection, la tendresse...

VOUS RÉCOLTEZ CE QUE VOUS SEMEZ

Questions:

— Est-ce que vous avez défini vos objectifs de vie?

_____

_____

_____

— Est-ce que vous êtes satisfait(e) des efforts que vous faites pour améliorer votre vie?

_____

_____

_____

— Est-ce que vous vous racontez des histoires pour ne pas regarder la vérité en face?

_____

_____

_____

V

L'irresponsabilité, une maladie qui s'attrape

Le respect de soi et des autres est la plus grande responsabilité personnelle à développer.

L'IRRESPONSABILITÉ, UNE MALADIE QUI S'ATTRAPE

Ce que je trouve malheureux, c'est de constater que BEAUCOUP DE GENS NE CONNAISSENT PAS LA DÉFINITION DU MOT «RESPONSABILITÉ». Ils n'ont aucune notion du sens de ce mot et ce sont ceux-là qui sont toujours en avant pour critiquer. Ces gens-là, et il n'y a pas d'âge, on ne peut prendre leur parole ni leur attitude au sérieux!

Beaucoup d'entre eux cachent bien leur jeu. Ils vont raconter de belles histoires, faire de belles promesses, qu'ils ne peuvent même pas tenir. Ils n'en sont tout simplement pas capables ou on ne leur a jamais montré la signification de ce mot. Ils n'en ont aucune idée.

Mais nous n'avons pas le choix, NOUS AVONS À CÔTOYER CE GENRE DE PERSONNES, et nous les retrouvons partout. Que ce soit au niveau du travail, à la maison, dans l'environnement social: ils sont présents. Ils sont là, près de nous et souvent, ils tentent de nous influencer négativement.

LEURS EXPRESSIONS FAVORITES: «Fais attention, tu prends trop de risques, tu vas manquer ton coup, c'est impossible que tu réussisses, c'est pas le temps, c'est pas le moment, etc...» Ils possèdent toute une litanie d'excuses pour essayer de décourager l'autre, l'empêcher de progresser, de prendre des responsabilités, qu'eux, n'ont pas le courage ou la détermination nécessaire pour envisager.

POUR RÉUSSIR À COMBATTRE CETTE ATTITUDE PSYCHOLOGIQUE NÉGATIVE, cette influence néfaste que nous subissons régulièrement, il faut être fort, convaincu, déterminé, avoir le courage de ses actes et rencontrer ses responsabilités.

Toutes ces qualités, on doit travailler à les acquérir et ceci dans l'action. Lorsque nous avons réussi à les développer, il est important de les améliorer chaque jour afin d'obtenir une personnalité forte, imposante mais toujours attentive à l'autre.

C'EST AUSSI UN MOYEN DE COMBATTRE CE SENS «D'IRRESPONSABILITÉ» qui s'est établi dans notre société moderne du vingtième siècle. Cette société technologique, plus axée vers le confort, la satisfaction des besoins matériels qu'orientée vers l'épanouissement des valeurs personnelles, du respect de l'individu et du développement du sens des responsabilités. IL N'EST PAS ÉTONNANT DE CONSTATER qu'une partie de la population vit aux dépens de ceux qui s'impliquent, qui ont des buts, des rêves et des désirs qui leur tiennent à cœur et qu'ils veulent réaliser!

Nous sommes responsables de l'image que nous projetons.

POUR CONTRECARRER CETTE INFLUENCE PUISSANTE et massive, développons le courage de nos actions, de nos actes, la détermination d'aller jusqu'au bout de tout ce que nous entreprenons, de ne jamais lâcher devant l'obstacle, au contraire, de nous en servir comme stimulant, RESPECTONS AUSSI UN RYTHME DE PROGRESSION, sans brûler les étapes mais en étant toujours en mouvement. Surtout donnons l'exemple des valeurs que nous croyons, que nous respectons et que nous pratiquons: car c'est par l'exemple que nous enseignons et surtout, démontrons qui nous sommes vraiment.

Responsabilité
Force
Courage

Évitez de vous fier à la première apparence car elle peut être trompeuse.

L'IRRESPONSABILITÉ, UNE MALADIE
QUI S'ATTRAPE

Questions:

— Êtes-vous une personne responsable?

_____

_____

_____

— Vous servez-vous souvent d'excuses pour ne pas prendre vos responsabilités?

_____

_____

_____

— Quels moyens prenez-vous pour devenir encore plus responsable?

_____

_____

_____

VI

Cessez de vous apitoyer sur votre sort

On doit apprendre à contrôler nos
pensées et nos émotions pour
demeurer en santé et heureux.

CESSEZ DE VOUS APITOYER SUR VOTRE SORT

Nous devons apprendre constamment à contrôler nos pensées car ce sont elles qui fabriquent nos émotions. LE CONTRÔLE AUSSI DE NOS ÉMOTIONS joue un rôle des plus importants au niveau de notre santé et de notre bonheur. Si par une discipline personnelle, nous arrivons à vraiment contrôler la qualité de nos pensées, on a beaucoup plus de chance D'ÊTRE HEUREUX, d'éviter la maladie et de vivre un plus grand bonheur.

Une foule de problèmes surviennent dans notre vie à tous les jours, parce que nous entretenons une attitude mentale négative. En fait, LE BONHEUR EST SIMPLEMENT UNE APTITUDE À CONSERVER UN ÉQUILIBRE ÉMOTIF, de vivre en harmonie avec soi-même, avec les autres et avec la vie.

Les personnes qui connaissent l'importance de la pensée positive et constructive à tous les niveaux, dans leur vie professionnelle, leurs relations avec les autres, qui l'expérimentent, sont vraiment en mesure d'en apprécier les bienfaits.

NOUS DEVONS APPRENDRE À CONTRÔLER CONSTAMMENT NOS PENSÉES, NOS ÉMOTIONS ET NOS ATTITUDES. Ceux qui n'y parviennent pas sont pris dans un tourbillon de déceptions et de frustrations. Ils sont ballotés par les événements, par la vie.

Il n'est pas sain d'attribuer au hasard, à la malchance, les circonstances difficiles de la vie, de l'existence. En réalité, NOUS SOMMES RESPONSABLES DE NOUS-MÊMES et nous n'avons pas à nous laisser influencer, manipuler ou diriger par les autres. CESSONS DE JOUER À LA VICTIME ET COMMENÇONS À PRENDRE NOTRE VIE EN MAIN.

FACE À DES ÉVÉNEMENTS DIFFICILES, arrêtons-nous, réfléchissons, méditons sur leur sens profond, demandons de l'aide si nécessaire, afin de mieux les comprendre et de réagir d'une façon adéquate dans les circonstances. SAISISSONS L'OCCASION pour mettre un peu d'ordre dans nos idées, dans notre vie. NE NOUS LAISSONS PAS GLISSER DANS UNE ATTITUDE D'ESPRIT NÉGATIVE. Pourquoi perdre son calme, sa paix et par conséquent, détériorer davantage la situation. Référons-nous à d'autres événements dans notre vie, ou dans notre entourage, qui nous ont été particulièrement difficiles à vivre et dont nous sommes sortis grands vainqueurs. SERVONS-NOUS DU TEMPS, DE LA PATIENCE et faisons d'eux nos amis sincères; et nous nous apercevrons qu'ils sont vraiment des aides précieuses.

Dans ma pratique professionnelle de «travailleur social», je rencontre à tous les jours une infinie quantité de gens qui souffrent, autant d'hommes que de femmes. Mon rôle est d'essayer de les aider, de trouver avec eux une solution à leurs souffrances, à leurs problèmes, de les aider à redonner un nouveau sens à leur vie ou simplement continuer à vivre. La plupart du temps, en consultant, les gens arrivent par eux-mêmes à voir clair dans leur situation. ILS ONT SIMPLEMENT BESOIN D'UN REGARD EXTÉRIEUR, d'un coup de pouce, quoi!

Justement, JE RENCONTRAIS LE MOIS DERNIER cette dame qui possède un petit salon de coiffure et qui n'arrivait plus à se concentrer sur son travail. Sa productivité avait donc ralenti et elle ne pouvait plus répondre à la demande. Le problème venait plus particulièrement de sa vie privée. Depuis quelque temps, ELLE VIVAIT UNE RELATION DIFFICILE AVEC SON MARI et ceci se reflétait dans les autres sphères de sa vie. **Souvent, on identifie un symptôme dans un domaine, mais le problème réel se situe à un autre niveau.**

Elle m'aborda en mentionnant que le problème se situait au niveau de son travail. En réalité, la difficulté était au niveau de sa vie privée. En rencontrant ce couple à quelques reprises, l'harmonie s'est installée, à nouveau dans leur vie.

Donc, je vous invite à TOUJOURS GARDER UNE ATTITUDE MENTALE POSITIVE, dans tout ce que vous vivez, peu importe les situations, les circons-

Les gens nous perçoivent selon l'image que nous dégageons: petit ou grand!

tances. C'est souvent difficile mais c'est presque la seule façon de garder son équilibre émotif, de progresser dans son évolution personnelle et de toujours avoir un «moral de fer».

> **Attitude positive**
> **Équilibre émotif**
> **Moral de fer**

Choisissons de nous en sortir vainqueur!

CESSEZ DE VOUS APITOYER SUR VOTRE SORT

Questions:

— Avez-vous tendance à jouer à la victime, à vous apitoyer sur votre sort?

_____

_____

_____

— Est-ce que vous êtes capable de prendre des décisions? Est-ce difficile pour vous?

_____

_____

_____

— Aimez-vous que les gens s'occupent de vous, vous donnent beaucoup d'attention?

_____

_____

_____

Deuxième Partie
Passez
À
L'action

VII

Plus la MONTAGNE EST HAUTE, plus ELLE EST difficile à ESCALADER!

Arrêtons-nous et faisons le point, avant que la vie se charge de le faire pour nous!

PLUS LA MONTAGNE EST HAUTE, PLUS ELLE EST DIFFICILE À ESCALADER!

QUAND VOUS VIVEZ UNE SITUATION DIFFICILE DANS VOTRE VIE, QUELLE EST VOTRE ATTITUDE?

À un moment donné ou à un autre, chacun dans notre vie personnelle, avons à vivre des périodes qui sont plus difficiles à supporter pour toutes sortes de raisons. Parfois ce sont des problèmes qui se multiplient et dont nous n'arrivons pas à trouver les solutions rapidement; d'autres fois, ce sera la maladie dans la famille ou notre entourage proche et d'autres fois encore, c'est sur le plan du travail, des affaires ou dans nos relations avec les autres.

Peu importe d'où provient la difficulté, C'EST NOTRE ATTITUDE ET COMPORTEMENT AU MOMENT OÙ NOUS LA VIVONS, QUI FERA LA DIFFÉRENCE. Nous sentons-nous désemparés, insécures, dépassés par les événements, bouleversés au niveau des sentiments?

Plusieurs personnes, peu importe leur âge, leur éducation et leur rang social, vivent beaucoup d'anxiété et d'angoisse lorsqu'elles ont à faire face à une difficulté quelconque dans leur vie.

JE RENCONTRAIS UNE PERSONNE DERNIÈRE-MENT, propriétaire d'un commerce dont le chiffre d'affaires est à la baisse et qui exprimait sa douleur dans ces termes: «Depuis quelques mois, je suis accablé par toutes sortes de problèmes; mon chiffre d'affaires baisse et je n'arrive pas à trouver les raisons, mes créanciers me font des téléphones et me menacent car je suis en retard dans mes paiements, les fins de mois sont de plus en plus difficiles à rencontrer, je ne dors presque plus car je suis très nerveux et j'ai accumulé un surplus de fatigue, la tension est de plus en plus forte, je ne vois presque plus ma femme et mes enfants car je passe des heures au bureau et en plus, j'ai commencé à consommer beaucoup trop de boisson».

Cet homme, avant d'être rendu totalement «au fond du baril» pour utiliser l'expression, A EU LA CLAIRVOYANCE DE CONSULTER UN PROFES-SIONNEL. Il est bien évident que simplement le fait de consulter ne règle pas tous les problèmes instantanément mais ça aide sûrement à éclairer des situations et à regarder des éléments de solution. DANS UN PREMIER TEMPS, ça prend du courage pour surmonter son orgueil et admettre qu'on doit faire face à une triste réalité. DEUXIÈMEMENT, c'est toujours difficile de réaliser qu'on est en train de détruire sa santé physique et mentale, qu'on se dirige vers la dépression nerveuse, les ulcères d'estomac à court terme et l'abus de la boisson. TROISIÈMEMENT, que par nos attitudes et comportements, nous sommes en train de ruiner notre vie de couple et familiale.

À la base, le simple fait de pouvoir identifier la source de nos problèmes est déjà un élément de solution sérieux. Pour cela, IL FAUT SE DONNER LA CHANCE DE S'ARRÊTER ET FAIRE LE POINT, que ce soit dans son commerce, dans sa vie ou autre... sinon, les événements s'enchaînent, s'accumulent et on en arrive à un point de saturation d'où il est vraiment difficile de disséquer et d'analyser la situation en profondeur.

Plus la montagne est haute, plus elle est difficile à escalader.

Il en va de même dans notre vie, et IL FAUT FAIRE CONFIANCE À LA VIE même si les situations souvent nous apparaissent insurmontables. Gardons notre foi, notre courage et notre volonté; développons-les à chaque jour.lorsqu'un moment difficile se présente, nous sommes prêts mentalement à y faire face, et nous sommes fiers d'avoir ces qualités comme amies, pour nous supporter et nous permettre de continuer.

Réagissons rapidement et positivement aux difficultés de la vie. Cette attitude peut nous éviter l'obligation de se faire remorquer par les autres.

PLUS LA MONTAGNE EST HAUTE, PLUS ELLE EST DIFFICILE À ESCALADER!

Questions:

— Avez-vous une attitude positive face aux difficultés?

_____

_____

_____

— Est-ce que vous vous laissez aller facilement dans la dépression?

_____

_____

_____

— Quelles qualités, dans votre personnalité, vous aident le plus à surmonter les moments difficiles?

_____

_____

_____

VIII

Pour des résultats dans la vie, soyez tenace!

Avez-vous des buts, des rêves, des désirs, qui vous tiennent à cœur? Si vous voulez les réaliser: Soyez Tenace!

POUR DES RÉSULTATS DANS LA VIE, SOYEZ TENACE!

Avez-vous remarqué que certaines personnes, dès qu'elles rencontrent un petit problème, une difficulté quelconque, abandonnent leur projet, laissent tomber. On dirait que ces gens souhaitent tout avoir sans effort, que TOUT LEUR ARRIVE COMME PAR ENCHANTEMENT SUR UN PLATEAU D'ARGENT.

Il y a des gens qui veulent modifier des comportements, changer des habitudes qui les dérangent dans leur vie, réussir sur le plan financier, familial et social, mais dès que vous leur parlez d'efforts et de ténacité, vous n'êtes plus sur la même longueur d'ondes qu'eux. VOUS VENEZ DE CHANGER DE CANAL DE COMMUNICATION, ils ne vous entendent plus.

Par contre, ils sont les premiers à critiquer et à chialer parce que ça ne fonctionne pas à leur goût; la vie est dure pour eux... ce sont des pauvres victimes... ils ont de la misère et sont nés pour un «petit pain». Des raisons pour se justifier, ils en trouvent. S'ils dépensaient autant d'énergie à faire des efforts pour atteindre leur but qu'ils en dépensent pour s'excuser, ILS ACCUMULERAIENT AUTOMATIQUEMENT DES SUCCÈS DANS LEUR VIE.

Les personnes qui réussissent, ce sont des gens tenaces, qui trouvent des solutions à leurs problèmes, qui étudient, analysent et demandent des conseils, s'entourent de gens compétents, positifs surtout. CE SONT DES GENS QUI ONT UN DÉSIR DE VAINCRE, D'OBTENIR LE SUCCÈS!

J'aimerais, à ce stade-ci, vous citer UN EXEMPLE BIEN CONCRET D'UNE PERSONNE VRAIMENT TENACE, que j'ai rencontrée lors de mes dernières vacances. Ce monsieur, qui est conseiller en assurance-vie de Boisbriand, demeurait au même hôtel que moi.

Derrière l'hôtel, il y avait une piscine qui était séparée au centre par deux câbles sur lesquels reposaient de petites planches de bois, genre radeau, et qui permettaient de traverser la piscine sur ces planches au niveau de l'eau; ça demandait beaucoup de concentration et d'équilibre. Plusieurs personnes essayaient cinq ou six fois et abandonnaient car elles tombaient toujours dans la piscine.

Ce monsieur, la première journée de vacances, S'EST FIXÉ COMME OBJECTIF DE RÉUSSIR à traverser la piscine sur ces planches flottantes, malgré les difficultés. À tous les jours, il essayait de vingt à trente fois par jour, il tombait dans la piscine, recommençait... La première semaine de vacances terminée, il n'avait pas encore réussi mais il ne lâ-

**EFFORT
TENACITÉ
AUDACE
VOLONTÉ
AMOUR**

Le chef possède sa recette infaillible! Qu'en est-il pour vous?

chait pas. Les gens autour de la piscine le surveillaient, l'encourageaient, car ils admiraient sa ténacité.

La deuxième semaine, il continuait à tous les jours, essayant d'améliorer sa technique de démarche et d'équilibre. Il échangeait avec les autres qui essayaient aussi la traversée. L'avant-dernière journée avant son départ, il n'avait pas encore réussi. Au lieu d'abandonner, au contraire, IL ACCENTUAIT L'EFFORT, faisait plus de tentatives, on sentait une grande détermination, le désir d'atteindre son objectif.

Le matin de sa dernière journée de vacances, il était un des premiers autour de la piscine et il continuait ses tentatives. Son épouse était toujours près de lui, l'encourageant. Tout le monde l'encourageait, même les musiciens qui égayaient les gens autour. IL A ENFIN RÉUSSI à atteindre l'autre côté de la piscine sur ce radeau flottant, et les gens l'ont applaudi.

Cet exemple peut vous paraître anodin, mais il dénote clairement les traits de caractère de cet homme, lesquels, j'en suis assuré, se retrouvent dans tous les autres domaines de sa vie. Cet homme est une «RÉUSSITE» actuellement parce qu'il prend les moyens pour réussir. Il sait comment allier la ténacité, l'audace, le courage, la volonté et la détermination; il est bien secondé par une épouse qui le comprend et l'encourage.

Tout ceci démontre qu'IL EST POSSIBLE DE DÉ-
VELOPPER ET D'AMÉLIORER SES QUALITÉS PER-
SONNELLES pour atteindre ses buts, ses rêves. Ça
se réussit seulement d'une façon: par l'effort continuel et surtout en étant dans l'action. Je vous encourage à développer ces qualités et vous serez
étonné des résultats.

**Effort continuel
& Action**

SANTÉ

AMOUR

DÉSIR

BONHEUR

PAIX

SÉCURITÉ

TENACITÉ

Toutes ces directions mènent vers le même objectif. Celui d'être heureux!

POUR DES RÉSULTATS DANS LA VIE, SOYEZ TENACE!

Questions:

— Avez-vous l'impression d'être une personne tenace devant l'obstacle?

_____

_____

_____

— Allez-vous au fond des choses? Expliquez...

_____

_____

_____

— Que faites-vous pour améliorer davantage votre ténacité?

_____

_____

_____

IX

Un exemple vivant de courage

Soyons nous-mêmes, un exemple vivant de courage dans notre vie, et ne laissons jamais l'épreuve nous écraser.

UN EXEMPLE VIVANT DE COURAGE

Il y a un mal qui existe à l'intérieur de chacun d'entre nous et dans notre entourage, à un niveau plus ou moins élevé et qui fait ses ravages d'une façon sournoise si nous lui permettons de progresser, car il peut faire de nous une déchéance totale.

Cette petite «bête noire», comme je l'appelle, dort en chacun de nous et est toujours prête à faire surface, si nous lui en donnons la chance. Appelons-la LE DOUTE, LA PEUR, LA CRAINTE, LE MANQUE DE CONFIANCE, ETC... On peut lui donner plusieurs autres noms, la liste pourrait être très longue.

ELLE EST TOUJOURS À L'AFFÛT, prête à bondir au moment où on s'y attend le moins. Elle vous touche de toutes les façons possibles, soit par le courrier (une lettre que l'on n'attendait pas), notre employeur (perte d'emploi), une nouvelle décevante (décès d'un ami ou d'un membre de la famille), un handicap personnel, mental, physique. ELLE NOUS TOUCHE par le contexte social et économique dans lequel nous vivons, inflation, chômage, guerre, etc... ELLE NOUS TOUCHE enfin par la façon dont nous voyons la vie et sommes prêts à combattre pour résister à la tentation de se laisser aller, de ballotter comme une feuille au gré du vent, sans destination, ou un bois mort au gré des vagues de la mer.

Afin de vous aider à mieux saisir, je vous cite le cas de cette dame de la Gaspésie qui EST UN EXEMPLE VIVANT DE COURAGE, DE TÉNACITÉ ET DE DÉTERMINATION dans sa vie et qui combat depuis sa naissance, sans relâche, à tous les jours, cette dépression qui est toujours présente dans sa vie. Actuellement, elle exploite avec sa sœur, une lingerie pour dames: «Je suis venue au monde avec une incapacité physique qu'on appelle le «rachitisme». Quand j'étais bébé, mes parents ne savaient pas s'ils pourraient me récupérer; la médecine du Québec n'avait pas de solution à mon problème à ce moment-là. Mon père, qui était un homme déterminé, prit ses économies et décida d'aller consulter un spécialiste à New York.

Avec le temps, et après plusieurs voyages tout en prenant différents médicaments et vitamines de toutes sortes, je commençai à croître. Je grandis tellement rapidement sous l'influence des médicaments, qu'à l'âge de huit ans je ressemblais physiquement à une fille de quatorze ans, mais j'étais toujours aussi fragile et faible. Comme je devais limiter mes activités physiques et que j'avais besoin de surveillance, mes parents décidèrent de m'envoyer dans une institution à Montréal où je pourrais faire mon cours classique avec les religieuses. J'étudiais beaucoup et j'étais bonne dans tout ce qui touchait les activités intellectuelles. Je finis par obtenir mon diplôme.

JE DOIS VOUS AVOUER QUE LA VIE N'EST PAS TOUJOURS FACILE. Étant plus jeune, je pleurais souvent, je me sentais seule et délaissée, car je ne pouvais suivre mes amies dans leurs activités. J'ai choisi de ne pas avoir d'enfants car je craignais qu'ils souffrent de la même maladie que moi. Pendant un certain temps, j'ai vécu seule et retirée des gens, car je ne m'aimais plus, j'étais découragée, je me sentais différente des autres et la vie n'avait plus de but pour moi.

Après un certain temps, JE DÉCIDAI DE FAIRE UN EFFORT, de me sortir de ma dépression, de ma torpeur et j'ouvris cette boutique de linge pour dames qui fonctionne bien. Je dois dire que ce commerce m'occupe et m'aide à trouver le courage de ne pas lâcher quand les idées noires se présentent. J'y passe le plus de temps possible, car j'aime ce que je fais et avec l'aide de ma jeune sœur, j'y arrive. Je m'efforce de toujours être gentille et aimable avec les clientes, même si je me fatigue rapidement et que j'ai tendance à m'impatienter dans ces moments-là. AVEC LA FOI ET LA PRIÈRE, j'ai confiance d'atteindre mes objectifs, car je suis seulement dans la cinquantaine et j'ai l'intention de vivre encore longtemps».

Voilà un témoignage vivant qui nous prouve qu'il

EST ENCORE POSSIBLE D'ATTEINDRE UN CERTAIN DEGRÉ DE BONHEUR malgré les vissicitudes et les difficultés de la vie.

Cette dame, malgré son handicap physique CROIT DANS LA VIE. Depuis sa naissance qu'elle combat, elle a réussi à surmonter des épreuves et elle continue toujours, car elle sentait vraiment qu'elle pouvait réussir. DANS LES PHASES DIFFICILES, elle priait et s'accrochait à cet espoir de voir venir des jours meilleurs. Cette épreuve, qu'elle supporte depuis sa tendre enfance, lui permet de grandir et de se renforcer mentalement parce qu'elle ne se laisse pas écraser et qu'elle la contrôle.

Elle a réussi à poursuivre son cours classique en s'acharnant à ses études pour compenser sa faiblesse physique. Elle a choisi de ne pas prendre le risque de transmettre cette épreuve à ses enfants qu'elle a toujours désirés. Elle se stimule à l'intérieur d'un commerce qu'elle aime et qui lui donne un certain courage.

NOUS RETROUVONS DANS CE TÉMOIGNAGE l'esprit d'une personne qui possède un grand cœur, un amour de la vie avec ses joies et ses peines et qui s'acharne, peu importe les difficultés, À CULTIVER L'ESPOIR!

SERVONS-NOUS de cette expérience humaine comme point de référence quand la dépression essaie de prendre le dessus sur nous, quand elle nous attaque dans nos croyances les plus profondes que ce soit au niveau de notre vie familiale ou de couple, de notre travail, de nos amis et de notre entourage. Ne cessons jamais de la combattre, jour après jour, à tous les instants de notre vie où elle apparaît et nous finirons par la contrôler et la diriger. Enfin, nous serons heureux!

Courage
Force de caractère
Croyance
Espoir

Dans l'épreuve, choisissons de nous acharner à combattre et gardons toujours espoir qu'il y aura des temps meilleurs.

UN EXEMPLE VIVANT DE COURAGE

Questions:
— Connaissez-vous des personnes courageuses autour de vous?

_____

_____

_____

— Est-ce que vous possédez cette grande qualité?

_____

_____

_____

— Faites-vous des efforts pour surmonter le doute, la crainte, la peur?

_____

_____

_____

X

Sachez identifier les signaux

Tous les signaux sont des guides qui nous permettent de vivre en harmonie avec la vie.

SACHEZ IDENTIFIER LES SIGNAUX

Je remarque que beaucoup de gens manquent de confiance en eux. Ils n'osent passer à l'action parce qu'ils craignent d'échouer. Il est bien évident que si vous avez programmé votre subconscient depuis des années, soit consciemment ou inconsciemment, avec des doutes, des craintes et des peurs, vous avez de bonnes chances que tous ces blocages reviennent au niveau de votre vie familiale, sociale ou tout simplement sur le plan des affaires.

À la base, IL EST IMPORTANT D'IDENTIFIER QUELS SONT CES BLOCAGES ET AUSSI, LES OCCASIONS ET LES CIRCONSTANCES DANS LESQUELLES ILS SE PRODUISENT ET VOUS NUISENT. Vous savez, notre personnalité a commencé à se structurer dès notre naissance. Tout ce que nous avons vécu dans notre enfance, notre adolescence et notre vie adulte, s'est emmagasiné, s'est accumulé dans notre cerveau. Toutes les expériences, autant négatives que positives, toute l'information, les connaissances acquises, font que nous avons développé la personnalité, l'être que nous sommes aujourd'hui; font que nous sommes aussi l'homme ou la femme, avec ses qualités, ses faiblesses, ses peines, ses joies.

BEAUCOUP DE PERSONNES NE SONT PAS HEUREUSES, ne sont pas «bien dans leur peau», pour utiliser l'expression, tolèrent des situations qui leur nuisent. Ceci tout simplement à cause de leur crainte du changement.

Prenons l'exemple au niveau de votre commerce. N'étant pas un spécialiste dans ce domaine, mais possédant moi-même un commerce, vous savez tout aussi bien que moi, qu'à un moment ou un autre, il est bon de modifier l'image, de rafraîchir l'apparence, de changer la décoration. Ceci, afin que le client sente que ça bouge, qu'il y a de l'action, qu'il ait l'impression que le chiffre d'affaires s'améliore.

Eh bien! il en va de même dans notre vie. APRÈS UN CERTAIN TEMPS, ON A TENDANCE À S'ENLISER DANS LA ROUTINE, on ne se pose plus de questions, on craint de se faire bousculer par les autres et encore plus, on fait tout pour se protéger, pour éviter de se bousculer soi-même. On préfère s'apitoyer sur son sort, se plaindre de tout et de rien, mettre la faute sur les autres, le temps, les événements, les circonstances extérieures. On a toujours les mêmes activités, on revoit toujours le même monde, on évite le plus possible le nouveau.

SOUVENT, ON A DE LA DIFFICULTÉ À RETROUVER NOTRE HARMONIE, NOTRE ÉQUILIBRE PERSONNEL. Soit qu'on se lance dans le travail seize

Conservons toujours la pureté et la candeur de notre enfance.

heures par jour, ou qu'on s'occupe de loisirs, d'activités sportives ou autres, pendant un nombre d'heures illimité. Alors on néglige sa vie familiale, ses amis, sa parenté... Toutes les activités que je viens de décrire sont très positives à la condition d'être équilibrées.

Au collège, souvent le frère qui nous enseignait répétait cette phrase en latin que je vous traduis: «C'EST AU MILIEU QUE RÉSIDE LA VERTU». À ce moment-là, je n'en tenais pas compte, mais à force d'être dite et répétée, cette phrase s'est enregistrée dans mon subconscient et souvent, lorsque je vis des difficultés, cette phrase me revient automatiquement. À ce moment, je m'arrête et je réfléchis. Pour moi cette phrase est un signal, un avertissement me disant qu'il est préférable d'évaluer ma situation.

NOUS AVONS TOUS DES SIGNAUX QUI NOUS ARRIVENT À UN MOMENT DONNÉ; il est important de les identifier, que ce soit des intuitions, des sentiments... Fions-nous à ces signaux, c'est l'aide la plus précieuse qu'on peut recevoir.

Peu importe le genre de travail que vous faites, LA CONFIANCE S'ACQUIERT EN PASSANT À L'ACTION À CHAQUE JOUR. Attaquez-vous directement à votre plus grande peur et vous verrez que vous êtes beaucoup plus capable de la surmonter que vous ne le croyez. Après, vous serez fier de vous, fier de votre réussite et ensuite, vous attaquerez une autre crainte et ceci, sans jamais cesser. De réussite en réussite, vous développez votre confiance, vous êtes plus sûr de vous et C'EST UN ENCHAÎNEMENT D'ÉVÉNEMENTS POSITIFS QUI ARRIVENT DANS VOTRE VIE.

Pourquoi? Parce que vous semez du positif, vous contrôlez vos peurs, craintes et soucis et vous êtes conscient qu'il y a au moins une solution pour chaque problème. En plus, vous possédez une puissance intérieure qui vous appuie et vous supporte tout au long de votre vie. Donc, en étant convaincu de votre potentiel, de votre énergie personnelle, vous réalisez indéniablement de grandes choses!

Signaux positifs
Puissance intérieure
Confiance en soi

SACHEZ IDENTIFIER LES SIGNAUX

Questions:

— Est-ce que vous pouvez identifier clairement les blocages émotifs qui ralentis-
sent votre épanouissement personnel?

_____

_____

_____

— Pouvez-vous vous faire confiance et réaliser des choses qui vous tiennent à
cœur?

_____

_____

_____

— Suivez-vous vos intuitions?

_____

_____

_____

XI

Renforcez votre capacité de vous prendre en main

À la base, toujours être près de ses besoins, de ses sentiments sans les nier, les satisfaire le plus possible pour en arriver à une autonomie personnelle.

RENFORCEZ VOTRE CAPACITÉ DE VOUS PRENDRE EN MAIN

Je constate que souvent les gens ont de la difficulté à faire des choix, à prendre des décisions dans leur vie. PLUSIEURS PERSONNES PRÉFÈRENT VIVRE AU CROCHET DES AUTRES OU DANS UNE ATTITUDE DE DÉPENDANCE. Il est bien évident, que pour différentes raisons, il peut se produire des situations où nous avons besoin d'aide, et qu'à ce moment-là, il est bon d'avoir des amis sur qui l'on peut compter, mais ce ne sont pas des situations qui durent toute la vie.

IL FAUT DÉVELOPPER NOTRE CAPACITÉ DE SE PRENDRE EN MAIN, DE DEVENIR UNE PERSONNE AUTONOME, capable de vivre sa vie comme on la veut comme on la choisit, et ceci, malgré les difficultés et les épreuves que l'on rencontre.

DÉFINISSONS-NOUS DES OBJECTIFS, DES BUTS DANS NOTRE VIE. Faisons des choix en fonction de les atteindre. Prenons les bonnes décisions qui vont nous permettre de nous réaliser, de nous accomplir, de nous épanouir.

NE VIVONS PAS EN FONCTION DES AUTRES, pour faire plaisir à tout le monde de peur de se faire critiquer, de se faire rejeter. Fions-nous sur notre intuition à tous les niveaux de notre vie, que ce soit sur le plan de notre vie familiale, de nos relations avec les amis, la parenté etc... L'INTUITION EST ENCORE LE MEILLEUR GUIDE QUE NOUS POSSÉDONS ET EN PLUS, NOTRE AMIE LA PLUS FIABLE.

Emmagasinons toutes les informations que nous recevons ou allons chercher celles dont nous avons besoin pour nous permettre d'atteindre nos buts; de réaliser nos rêves, nos désirs.

Il est important de développer son acuité, son sens des affaires, de la perception afin de SAISIR TOUTES LES OCCASIONS QUI VONT NOUS MENER À LA RÉUSSITE, au succès.

N'oublions pas que le succès est un état d'esprit au départ qui se concrétise avec le temps, en posant les actions appropriées, vers un objectif à atteindre. C'est pourquoi il est important de SE DÉFINIR DES MÉCANISMES, DES MODES DE FONCTIONNEMENT, DES ÉCHÉANCIERS qui vont nous permettre de l'atteindre. La réussite nous appartient; nous sommes maîtres de notre situation, de notre destinée et soyons conscients que nous sommes notre meilleur serviteur! Donc, prenons-nous en main et allons de l'avant car si nous diminuons notre progression, notre évolution, nous serons dépassés par la vie, par les événements.

POUR RÉUSSIR, IL FAUT ÊTRE EXIGEANT ENVERS SOI. Ne commettons pas l'erreur de l'être plus envers les autres car nous n'obtiendrons que le résultat de ce que nous avons donné nous-mêmes. Nous récoltons seulement ce que nous semons; pas ce que le voisin sème.

Vous savez, LA VIE EST UN MIROIR ET ELLE NOUS REFLÈTE EXACTEMENT CE QUE NOUS SOMMES, par nos pensées, nos actions, notre caractère, notre personnalité, nos qualités, nos défauts, nos succès, nos échecs. LA VIE NOUS FAÇONNE À L'IMAGE DE CE QUE NOUS SOMMES. Quelquefois c'est difficile à accepter de voir cette vérité, nous ne sommes pas prêts à l'admettre. Nous cherchons plutôt des excuses pour cacher nos faiblesses. Même si on fait comme l'autruche, et qu'on se place la tête dans le sable pour ne pas voir notre réalité, ça ne la change pas et UN JOUR, NOUS DEVRONS Y FAIRE FACE. C'est parfois plus difficile encore.

Donc, il est important de régler les problèmes lorsqu'ils se présentent, à tous les niveaux de notre vie. Pour cela, il faut faire des choix et prendre les décisions qui vont nous guider vers le succès, la réussite et le bonheur, à tous les niveaux de notre vie.

Autonomie - Intuition - Acuité - Vérité

MOI

La vie est un miroir et elle reflète ce que nous sommes, avec une exactitude parfois déconcertante.

RENFORCEZ VOTRE CAPACITÉ DE VOUS PRENDRE EN MAIN

Questions:

— Croyez-vous que vous êtes une personne indépendante? Sur quoi basez-vous votre réponse?

_____

_____

_____

— Est-ce que vous vivez en fonction des autres, pour leur faire plaisir, vous faire aimer?

_____

_____

_____

— Comment réagissez-vous lorsque le miroir de la vie reflète votre image, votre personnalité?

_____

_____

_____

XII

Suscitez la motivation en vous

Trouvez le moyen, d'éveiller en vous
un désir ardent, qui vous permettra
d'atteindre le bonheur.

SUSCITEZ LA MOTIVATION EN VOUS

Tout le monde parle de motivation ces temps-ci mais la plupart des gens n'ont qu'une vague définition de la signification de ce terme. Dernièrement, je m'adressais à un groupe de personnes et en leur posant cette question: «QUELLE EST VOTRE DÉFINITION PERSONNELLE DE LA MOTIVATION?», je n'ai obtenu que des réponses vagues et imprécises.

Donc, j'ai constaté que chacun a sa propre définition qu'il a adaptée à ses besoins personnels et aux objectifs qu'il veut atteindre. C'est très bien en autant que ceci aide à conduire au succès.

Étant dans ce domaine depuis quelques années maintenant, laissant de côté la définition précise du dictionnaire, mais parlant plutôt à travers une certaine expérience, je définis la «motivation» comme L'ART DE DÉVELOPPER LE DÉSIR DE PASSER À L'ACTION ET DE RÉUSSIR. C'est un état d'âme dont on s'imprègne qui nous stimule continuellement vers une progression précise définie et planifiée. C'EST LE FLOT D'ÉNERGIE MENTALE DONT

NOUS AVONS BESOIN À CHAQUE JOUR pour nous permettre de réussir notre journée. À ce stade-ci, vous pouvez ajouter votre définition personnelle et cela concordera sûrement avec ce qui est déjà écrit dans ce livre.

DÉVELOPPER CET ÉTAT D'ESPRIT N'EST PAS L'AFFAIRE D'UNE FOIS PAR ANNÉE, ni mensuel, ni hebdomadaire; c'est journalier. À chaque jour nous devons travailler afin d'imprégner le subconscient de cet état d'esprit, de ce mode de pensée. Ceci se fait à tous les instants de la journée en se servant de toutes les occasions que nous rencontrons. Il est important de toujours essayer de FAIRE RESSORTIR L'ASPECT POSITIF de toute occasion, de toute circonstance de notre vie et ceci dès l'instant où nous les vivons. Cela devient une discipline personnelle qu'on s'impose et qui finalement par la suite, devient une habitude.

NOUS DEVONS COMBATTRE L'ASPECT NÉGATIF qui a tendance à se manifester assez facilement, sans effort. C'est toujours présent et ça reflète la mentalité de la majorité de la population, qui se laisse influencer par leur environnement, les amis, compagnons ou compagnes de travail, les médias d'information tant écrits que parlés. CE SONT DES ONDES INVISIBLES QUI CIRCULENT ET DONT NOUS DEVONS NOUS PROTÉGER CONTINUELLEMENT.

Ce qui est important, C'EST QUE CHACUN

D'ENTRE NOUS TROUVE SA FAÇON PERSON-
NELLE de se stimuler, de se motiver afin de pouvoir
réaliser ses buts, ses rêves et ses désirs dans la vie,
de développer son potentiel et d'accomplir sa tâche
avec acharnement, sans jamais cesser, jusqu'à ce
que la réussite se présente.

EFFORÇONS-NOUS À CHAQUE JOUR de développer notre courage, notre volonté, notre détermination, la joie de vivre, l'amour et ceci nous amène-
ra sûrement vers le succès, vers la réussite. Vivons
notre vie pleinement à chaque instant qui se présente. Éloignons de nous le doute, le souci, l'inquiétude qui sont nos pires ennemis car ils ébranlent
notre confiance personnelle, notre capacité de réa-
lisation. Impliquons-nous continuellement car c'est
dans l'action qu'on vit vraiment!

**Action
Discipline
Acharnement**

La vie est comme un sport. Seuls les champions réussissent, à force de courage et de motivation.

SUSCITEZ LA MOTIVATION EN VOUS

Questions:

— Quelle est votre définition personnelle de la motivation?

_____

_____

_____

— Êtes-vous satisfait de votre état d'esprit actuel concernant votre motivation?

_____

_____

_____

— Travaillez-vous à tous les jours afin de développer votre désir de passer à l'action?

_____

_____

_____

XIII

Stabilisez vos relations avec les autres

Très simplement, ce que vous aimez recevoir des autres, donnez-leur en retour et vous serez apprécié.

STABILISEZ VOS RELATIONS AVEC LES AUTRES

Dans la vie, si on veut être capable d'aimer les autres, son entourage, les gens avec qui on travaille, nos amis, nos patrons; si on veut être capable d'apprécier les autres avec leurs qualités et leurs défauts, leurs traits de caractère bien personnels, ON DOIT COMMENCER PAR S'AIMER ET S'ACCEPTER SOI-MÊME; il faut être capable de se regarder bien en face, de cesser de jeter le blâme sur les autres, de choisir les bonnes personnes autour de nous, pour nous conseiller et nous guider, d'apprécier les gens pour ce qu'ils sont et non pour ce qu'ils nous apportent.

Pour en arriver à équilibrer toutes ces qualités, CECI PREND BEAUCOUP DE JUGEMENT ET DE MATURITÉ. On y arrive avec le temps et l'accumulation d'expériences difficiles et plus faciles quelquefois.

DANS LA VIE, IL EST IMPORTANT DE DÉVELOPPER UNE CERTAINE STABILITÉ DANS SES RELATIONS AVEC LES AUTRES. Le mot stabilité s'harmonise bien avec compréhension, acceptation et surtout avec la sécurité, bien personnelle, individuelle. Si on veut atteindre cet objectif, il est bien important de cesser de raconter des histoires à tout le monde, de faire face à ses responsabilités et d'apprendre à se respecter soi-même.

Certaines personnes sont des «CHAMPIONNES» DU CAMOUFLAGE; elles se cachent toujours derrière les autres, n'arrivent pas à dire clairement ce qu'elles veulent, ce qu'elles désirent, font prendre leurs responsabilités par les autres, font faire leurs messages aussi et elles s'entourent d'une armée de personnes, qui lorsqu'elles ne leur sont plus utiles, les mettent «sur la voie de service», sans égard, sans respect, d'une façon cavalière. Ces mêmes personnes demandent ensuite à la vie, d'une façon bien naïve et ignorante, de leur apporter ce qu'il y a de mieux.

Dans la vie, il y a des mots qui m'apparaissent bien importants, significatifs et qu'on doit respecter, si nous voulons que les autres respectent le même vocabulaire que nous. Ce sont les mots «AMOUR, AMITIÉ, COMPRÉHENSION ET RESPECT». Pour faire ressortir ces mots de notre vocabulaire et les appliquer dans notre vie, il est important tout d'abord d'en connaître la signification et non de leur donner celle qui nous convient.

Certaines gens s'appliquent à le «crier» sur tous les toits, mais dans leur propre vie, ils pratiquent tout à fait le contraire de ce qu'ils prêchent. Ils sont attirés strictement par l'appât du gain et ils sont

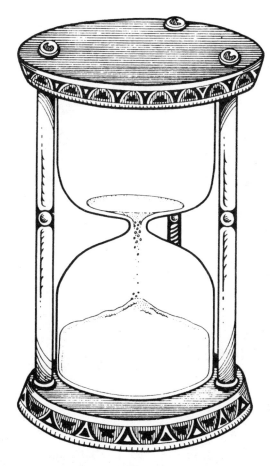

Comme ce sablier, la vie continue. Croyez-vous
qu'il serait temps de surmonter votre orgueil et de
pardonner? Tantôt il sera trop tard!

prêts à jeter ces quatre «grands mots» aux quatre vents pour assouvir leur faim.

Soyez capable de respecter les gens qui vous entourent. Essayez d'équilibrer et d'harmoniser tout ce que vous faites. Dans vos contacts avec les autres, donnez la signification aux quatre mots mentionnés plus haut; vous verrez qu'en retour, vous noterez une amélioration dans le résultat de vos relations avec les autres.

CES CRITÈRES SONT LA BASE DE NOTRE RÉUSSITE. Que ce soit sur le plan personnel, familial, social ou autres; si nous arrivons à harmoniser et équilibrer ces grands critères au niveau de notre vie en général, nous ne pouvons faire autrement qu'obtenir la réussite et le succès!

Par contre, assez régulièrement, IL EST IMPORTANT DE S'ARRÊTER, DE PRENDRE UN RECUL ET D'ANALYSER L'ÉVOLUTION DE NOTRE SITUATION, À TOUS LES NIVEAUX. Ceci nous permet d'apporter les corrections nécessaires et de mieux nous orienter vers l'atteinte de nos objectifs spécifiques. Je vous encourage à continuer de progresser chacun vers votre sommet bien personnel. Ceci se fait par l'application de ces principes, un peu à tous les jours. **Le succès s'obtient dans la régularité, la constance, la stabilité, la continuité et la ténacité; et toutes ces qualités se développent dans l'action.** Donc, passez à l'action aujourd'hui et stabilisez toutes vos relations!

STABILISEZ VOS RELATIONS AVEC LES AUTRES

Questions:

— Est-ce que vous êtes capable de vous aimer et de vous accepter?

_____

_____

_____

— Est-ce que vous êtes capable d'aimer et d'accepter les autres?

_____

_____

_____

— Arrivez-vous à stabiliser vos relations avec les autres?

_____

_____

_____

XIV

Développez votre communication

Votre façon de communiquer, d'entrer
en contact avec les autres, fera qu'ils
s'approcheront ou s'éloigneront de
vous.

DÉVELOPPEZ VOTRE COMMUNICATION

Il y a un thème qui est très à la mode et dont tout le monde parle; c'est d'échanger avec ou sans paroles, avec une autre personne, que ce soit un client, son épouse, les enfants ou la famille. Loin de moi, ici, l'idée de vous donner un cours, mais nous allons regarder à travers des situations concrètes, quelle est pour chacun de nous, LA MEILLEURE FAÇON DE PASSER OU RECEVOIR UN MESSAGE et d'en obtenir le plus possible, un résultat concret et tangible.

Disons que la communication la plus habituelle est avec la parole. Une personne entre chez vous, dans votre maison privée et vous demande quelque chose bien clairement. Vous l'entendez et vous lui répondez. Il y a là l'échange d'un message à travers des paroles. L'autre jour, j'étais au dépanneur du coin et j'observais une femme qui se promenait dans les rangées. Elle se dirigea vers la caissière et sans parler, la regarda, pointa du doigt une marque de cigarettes sur l'étagère derrière le comptoir. Automatiquement la caissière se retourna, prit le paquet et le donna à la femme. La cliente prit les cigarettes, paya et s'en alla sans dire un mot. Vous savez comme moi, que ce genre de situation et ce genre de communication ne sont pas des plus courantes, mais elles existent. C'EST L'ÉCHANGE D'UN MESSAGE PAR GESTES. Il y a aussi une autre forme de communication, par gestes seulement, que les personnes handicapées utilisent et dont vous avez sûrement expérimenté, à un moment donné, à travers votre vie, soit via des rencontres sociales ou autres.

Maintenant, j'aimerais vous souligner l'importance pour nous tous, d'être cohérent avec nous-mêmes et les autres, lorsque nous échangeons avec quelqu'un par des paroles et des gestes; que ce soit des expressions corporelles, des mimiques, la façon de se tenir, etc... Ce que je veux dire ici, clairement, c'est de passer le même message autant avec son corps qu'avec ses paroles.

Si vous êtes dynamique et enthousiaste, N'AYEZ PAS PEUR DE LE TRANSMETTRE À TRAVERS VOTRE COMMUNICATION par des intonations de voix appropriées lorsque vous parlez, par des gestes qui appuient et renforcent vos paroles, toujours sans exagération; ce qui aura pour effet d'influencer votre entourage, car les gens autour de vous sont très sensibles à la communication qui se déroule près d'eux.

Il en va de même, si vous êtes en amour, joyeux, heureux ou triste. VOTRE FAÇON DE COMMUNIQUER REFLÉTERA LA PLUPART DU TEMPS,

VOTRE ÉTAT D'ESPRIT.

Vous arrivez au bureau le matin et quelques minutes plus tard, arrive un de vos employés. Vous remarquez tout de suite qu'il ne file pas, sans qu'il ne vous en parle. En entrant, il bouscule la porte, passe près de vous sans vous regarder, lance son gilet en direction de la patère avec un geste sec et s'en va à l'arrière se préparer un café. Il ne vous l'a pas dit, mais VOUS AVEZ TOUT DE SUITE CONSTATÉ, EN L'OBSERVANT, QU'IL Y A QUELQUE CHOSE QUI NE VA PAS CE MATIN.

Il vous a communiqué son humeur assez rapidement, sans vous le dire en paroles, simplement par son attitude. Vous n'avez pas besoin de chercher de midi à quatorze heures pour comprendre qu'il y a quelque chose qui ne tourne pas rond dans sa vie. S'il ne modifie pas ou ne contrôle pas son humeur, il la transmettra, par son magnétisme aux autres personnes du bureau.

Votre rôle, à ce moment, comme patron, si vous le désirez, est d'essayer de voir avec lui ce qui ne va pas, et de comprendre ce qu'il est en train de vivre dans sa vie personnelle, lui permettre de vous en parler s'il le veut bien, sinon, lui demander de s'efforcer de présenter «une tête» acceptable pour les gens qui sont obligés de travailler avec lui. Eux aussi ont leurs difficultés et leurs problèmes qu'ils DOIVENT surmonter. ILS N'ONT PAS BESOIN DE SUBIR L'ATTITUDE DE L'AUTRE qui n'arrive pas à contrôler sa mauvaise humeur. Le contact humain, la communication qui s'exercent entre les gens est d'une importance capitale. ELLE DOIT ÊTRE SE-REINE, DYNAMIQUE, HARMONIEUSE ET HUMAINE. Nous savons tous aussi, combien il est important de communiquer avec notre conjoint, nos enfants, nos parents et amis si nous voulons avoir du bonheur dans notre vie. Vous savez comme moi que ce n'est pas toujours facile et qu'il y a des journées où l'on doit faire des efforts surhumains pour garder notre patience, notre sourire et notre enthousiasme.

Je vous encourage toujours à développer votre communication d'une façon de plus en plus positive dans votre vie de tous les jours, et je suis persuadé que la vie, en retour, vous récompensera selon vos efforts et votre mérite.

Ces gens semblent avoir apprécié le message. Il devait être clair, net et précis.

DÉVELOPPEZ VOTRE COMMUNICATION

Questions:

— Est-ce que votre communication est toujours claire, directe, précise?

_____

_____

_____

— Préférez-vous laisser deviner plutôt que de dire vraiment ce que vous pensez?

_____

_____

_____

— Pouvez-vous dire que votre mode de communication est positif et axé vers la compréhension de l'autre?

_____

_____

_____

> **Sereine**
> **Dynamique**
> **Harmonieuse**
> **Humaine**

Troisième partie

Améliorez votre vie

XV

Donnez le maximum en tout temps

Développez ce sentiment personnel
de toujours vous surpassez en tout.
Vous serez satisfaits des résultats.

DONNEZ LE MAXIMUM
EN TOUT TEMPS

C'EST DANS LES MOMENTS DIFFICILES QU'ON RECONNAÎT LES VRAIS POSITIFS, ceux qui ont du courage, de la volonté et de la détermination. Ceux qui sont capables de se prendre en main et de combattre. À chaque problème, il y a au moins une bonne solution; il faut la trouver pour être capable de survivre et de se permettre de continuer à fonctionner.

Ceci se fait par l'effort de tous les instants, par la recherche de l'amélioration de soi, dans la progression; il faut avoir des buts et toujours régler ses visées en fonction de les atteindre.

Vous allez me répondre, C'EST FACILE À DIRE MAIS DIFFICILE À FAIRE. Je suis entièrement d'accord avec vous, car je suis le premier à trouver ça difficile. C'est beau être positif, écrire des livres, donner des conseils, mais C'EST DANS L'ACTION QU'ON VOIT VRAIMENT CE QU'ON EST CAPABLE DE FAIRE ET JUSQU'OÙ ON PEUT ALLER. CETTE ATTITUDE POSITIVE NE SE DÉVELOPPE PAS AU-

TOMATIQUEMENT; ça ne vient pas tout seul. ON DOIT S'ENTRAÎNER À ÊTRE POSITIF comme on se pratique dans un sport. Tout se fait à base d'efforts et de patience. L'autre aspect est de TOUJOURS ÊTRE COHÉRENT AVEC SOI-MÊME, C'EST-À-DIRE DE NE PAS SE LAISSER DÉCOURAGER PAR SON ENTOURAGE. Autour de nous, il y a toujours des gens qui n'ont pas confiance en eux, qui n'ont pas confiance dans la vie, et la plupart du temps, lorsqu'il se présente une difficulté, un problème, ces gens ont tendance à lâcher, à se décourager. Souvent aussi, ils viennent prendre notre énergie pour essayer de résoudre leur problème.

C'EST À L'INTÉRIEUR DE SOI QU'ON DOIT SE RESSOURCER, aller chercher l'énergie dont on a besoin pour fonctionner et s'épanouir. DONNONS LE MAXIMUM EN TOUT TEMPS. Dans les moments difficiles, faisons un effort supplémentaire alors que nous avons le goût de tout lâcher, de laisser aller, de laisser tomber. Cette énegie supplémentaire que nous déployons nous aidera à surmonter notre problème, au moins à trouver une solution adéquate.

C'EST UNE DISCIPLINE PERSONNELLE qu'on doit pratiquer à tous les jours, dans tout ce que nous faisons, d'être positif, de donner le maximum de nous-mêmes. Cela nous aide aussi à développer courage, volonté et détermination vers les objectifs de notre vie qui sont importants, qu'on a choisis et qu'on veut réaliser parce qu'ils nous tiennent à cœur.

Quelle satisfaction que de pouvoir dire avec le temps: «IL M'EST DEVENU PLUS FACILE DE RE- GARDER L'ASPECT POSITIF DE TOUTE SITUA- TION; il m'est devenu plus facile de toujours donner le maximum de moi-même en tout temps, en tout lieu et sur tous les plans.»

Prenons les bons moyens, faisons des lectures positives, de l'autosuggestion sur cassettes. C'est un excellent moyen de stimuler son subconscient, pour obtenir du résultat.

Peu importe qui nous sommes, quelle profession nous pratiquons, nous avons toujours besoin de motivation si nous voulons toujours donner notre maximum en toutes circonstances.

Lorsque nous nous endormons le soir, avons- nous la satisfaction de pouvoir nous dire: «J'AI TOUT FAIT AUJOURD'HUI POUR ATTEINDRE MON OBJECTIF», ou, au contraire, avons-nous l'im- pression que nous aurions pu faire beaucoup plus?

Ces sentiments que nous avons dans ces mo- ments-là, ne trompent pas. CE SONT NOS VÉRI- TABLES INDICATEURS ET ÉVALUATEURS DE NOTRE CONDUITE. Nous pouvons donner une belle image pour les autres mais nous ne pouvons pas nous raconter des histoires à longueur d'année. Il vient un temps où nous n'acceptons plus cette situation.

C'EST QUOI AVOIR LA SATISFACTION D'AVOIR FAIT SON POSSIBLE ET MÊME D'AVOIR TENTÉ

L'IMPOSSIBLE? C'est ce sentiment que nous ressentons le soir au coucher et qui nous remplit de joie, de bonheur. C'est ce sentiment qui fait que nous sommes content de nous et qui nous permet de dormir en paix, de nous ressourcer dans un état de relâchement total. Nous ne nous sentons pas envahi par le doute de ne pas en avoir fait assez. Nous ne nous réveillons pas en pleine nuit, en sueur parce que nous venons de faire un cauchemar. SI NOUS DORMONS EN PAIX, L'INSÉCURITÉ N'A PAS DE PLACE DANS NOTRE SOMMEIL. NOUS N'AVONS PAS L'IMPRESSION QUE NOTRE VIE EST UN CAUCHEMAR.

Pour avoir la satisfaction de nous être surpassé, dans tout ce que nous faisons, efforçons-nous de toujours en donner un peu plus que la moyenne. Si nous sommes toujours rempli de ce sentiment et que nous l'accomplissons, il sera impossible de nous tromper sur le fond de votre vie. Bien sûr, dans l'action, NOUS ALLONS COMMETTRE DES ERREURS; C'EST TOUT À FAIT NORMAL. C'EST LE SIGNE QUE NOUS FAISONS QUELQUE CHOSE. Il s'agit de ne pas toujours commettre la même. Mais dans l'accomplissement de ce principe de vie, en donnant tout ce que nous pouvons dans tous les moments de votre vie, NOUS DÉVELOPPERONS EN NOUS UN MOUVEMENT, UNE FORCE, UN POUVOIR, UN ÉLAN, QUI NOUS PERMETTRA DE SURMONTER TOUS LES OBSTACLES, peu importe où ils se présentent.

Nous créons chez nous et chez les autres, un

mouvement continuel, un déplacement d'énergie toujours dirigé vers l'atteinte de votre objectif. Pensez à ceci: CE MOUVEMENT, IL VA TOUJOURS EN S'AMPLIFIANT car au passage, nous accrochons des gens qui ont souvent des visées qui ressemblent aux nôtres.

En installant chez nous ce mouvement, il est impossible de nous tromper car nous fonctionnons dans le sens de la vie. Dans la nature, l'énergie est en perpétuel mouvement. C'est toujours un déplacement de molécules qui s'accrochent et LORSQU'ELLES SONT DIRIGÉES DANS LE MÊME SENS, DEVIENNENT UNE FORCE. Il est important que cette force soit toujours positive si nous voulons progresser!

Donc, étant conscient que nous avons un potentiel et que nous pouvons continuer à l'amplifier si nous le voulons, EFFORÇONS-VOUS, TOUT AU LONG DE NOTRE VIE, peu importe dans quel domaine nous évoluons, de toujours donner le maximum de vous-même et un peu plus, afin aussi de CONSTRUIRE À L'INTÉRIEUR DE NOUS, CE SENTIMENT DE SATISFACTION PROFOND: satisfaction de ce que nous sommes, satisfaction de ce que nous faisons et aussi, satisfaction de réussir notre vie et ceci, à chaque jour dans tous les domaines.

Peu importe qui nous sommes, n'oublions surtout pas une chose. Nous sommes la personne la plus importante de votre vie!

Cherche au fond de toi et tu y trouveras une source prête à jaillir.

DONNEZ LE MAXIMUM
EN TOUT TEMPS

Questions:

— Le soir quand vous vous couchez, pouvez-vous dire «J'ai tout fait aujourd'hui, pour atteindre mon objectif».

_____

_____

_____

— Quel est votre comportement quand vous commettez une erreur? Décidez-vous de l'accepter ou si vous vous en voulez pour longtemps?

_____

_____

_____

— Est-ce que vous construisez à l'intérieur de vous ce sentiment profond de satisfaction?

_____

_____

_____

XVI

Faites du temps votre ami

Tout dépendant comment on l'utilise, le temps peut devenir notre meilleur ami ou notre pire ennemi.

FAITES DU TEMPS VOTRE AMI

Avez-vous remarqué que NOUS SOMMES SOUVENT PRESSÉS dans la vie? Nous bousculons le temps, les événements, le travail, les gens qui nous entourent, etc.

POURQUOI VOULOIR TOUJOURS ALLER SI RAPIDEMENT? POURQUOI VOULOIR TOUT FAIRE EN MÊME TEMPS? Nous devenons tendus, anxieux, énervés, angoissés même. C'est notre physique et notre mental qui en prennent un coup. Ils doivent fournir le double d'énergie pour nous permettre de fonctionner adéquatement et, souvent, ils se dérèglent. Dans ces moments, nous vivons des problèmes psychosomatiques ou autres. Nous nous sentons fatigués, irrités, impatients et NOUS AVONS L'IMPRESSION QUE RIEN NE PROGRESSE DANS NOTRE VIE! On dit souvent «je suis au bout de mon rouleau». Arrêtons-nous quelques instants et réfléchissons!

Avez-vous remarqué que LA NATURE A UN RYTHME D'ÉVOLUTION QUI EST TRÈS ÉQUILIBRÉ ET HARMONIEUX dans l'ensemble? Une journée a vingt-quatre heures. Il y a douze mois dans une année; il y a aussi trois cent soixante-cinq jours par an. La marée monte et descend. Quand nous avons du mauvais temps, le beau temps finit toujours par revenir. Quand la nature se dérègle, il y a des dégâts. Tempêtes, tremblements de terre, volcans en irruption, raz-de-marée, etc.

Avez-vous remarqué que NOUS FONCTIONNONS AVEC UN RYTHME D'ÉVOLUTION HARMONIEUX ET ÉQUILIBRÉ COMME LA NATURE? Nous mangeons, dormons et nous lavons tous les jours. Nous travaillons et avons des loisirs. NOTRE VIE A UN RYTHME D'ÉVOLUTION QUI PROGRESSE CONSTAMMENT. Lorsque nous abusons, notre physique se dérègle et la maladie apparaît.

Donc, en étant conscient qu'il FAUT TOUJOURS ÊTRE EN ÉQUILIBRE ET EN HARMONIE AVEC SOI-MÊME, AVEC LES AUTRES ET AVEC LA VIE, FAISONS DU TEMPS NOTRE AMI. Une des grandes qualités qu'il est important de développer et d'améliorer est LA PATIENCE.

Il y a un adage qui dit: «TOUT ARRIVE À POINT À QUI SAIT ATTENDRE». Donc, semons à chaque jour, si nous voulons récolter, et attendons que le fruit de notre travail évolue, progresse et mûrisse. Choisissons aussi l'endroit où semer. IL EST INUTILE DE SEMER «AUX QUATRE VENTS». Définissons-nous des objectifs clairement, des buts et des moyens pour y arriver. LAISSONS LE TEMPS FAIRE SON ŒUVRE D'UNE FAÇON POSITIVE. Aidons le temps en ayant une attitude de gagnant et de vainqueur. Ne laissons pas l'impatience venir tout détruire dans notre vie.

Si on sait se placer au même rythme que la nature, dans la joie, la sérénité, l'amour, l'amitié, l'honnêteté, il est impossible de se tromper. Ayons confiance en nous, ayons confiance dans la vie et faisons du temps notre ami! C'EST UN DES SECRETS DE NOTRE «RÉUSSITE» personnelle, de notre Bien-Être et de notre longévité.

**Paix
Calme
Relaxation
Sagesse**

Le succès c'est de s'intéresser profondément à une chose et suffisamment à plusieurs autres.

FAITES DU TEMPS VOTRE AMI

Questions:

— Est-ce que vous êtes toujours tendu, énervé, anxieux ou si vous prenez le temps de vous détendre à l'occasion?

_____

_____

_____

— Sentez-vous que vous pouvez vivre en harmonie avec la nature ou si, au contraire, vous vous bousculez constamment?

_____

_____

_____

— Possédez-vous cette grande qualité qu'est «la patience»?

_____

_____

_____

XVII

Voyez-vous en train de réussir

En combattant cette «peur de l'échec» par l'attitude mentale de la «Réussite», nous mettons toutes les chances de notre côté.

VOYEZ-VOUS EN TRAIN DE RÉUSSIR

LE BONHEUR NE S'ATTEINT PAS SANS UN ÉQUILIBRE ÉMOTIF. Si on veut parvenir à atteindre cet équilibre, nous devons corriger certaines attitudes mentales. L'UNE D'ELLES EST LA PEUR DE L'ÉCHEC.

C'EST EFFARANT DE CONSTATER COMBIEN DE GENS ONT PEUR DE NE PAS RÉUSSIR. C'est d'ailleurs cette crainte qui les empêche d'entreprendre diverses activités, de passer à l'action. Ils préfèrent ne rien faire plutôt que de ne pas réussir; ils ne se donnent pas la chance seulement d'essayer; ils sont défaitistes avant de débuter. UNE TELLE ATTITUDE MENTALE NE LEUR PERMET PAS DE S'ÉPANOUIR. Au contraire, elle les empêche d'évoluer, les garde dans ce cercle vicieux du «statu quo», de la non responsabilité, les tient à l'écart des grandes réalisations.

LE BONHEUR SUPPOSE UNE ATTITUDE BEAUCOUP PLUS POSITIVE, CRÉATRICE, CONSTRUCTIVE. Nous avons tous des possibilités et on doit se faire confiance. C'est à cette condition qu'on peut avoir de nous-mêmes une image plus exaltante, plus intéressante et satisfaisante.

Cette peur de l'échec, comme la plupart des autres craintes, se surmonte. LA CONFIANCE EN SOI SE CULTIVE COMME TOUTES LES AUTRES QUALITÉS. Il s'agit de se décider, à prendre les bons moyens et à y mettre l'effort nécessaire. Nous pouvons apprendre à ne plus avoir peur de l'échec en pratiquant certains exercices mentaux. FONDA-MENTALEMENT, ON DOIT S'IMAGINER EN TRAIN DE RÉUSSIR, SE VOIR DANS L'ACTION, OBTENIR LES RÉSULTATS QU'ON DÉSIRE, SE VOIR COMME ON VOUDRAIT ÊTRE. Il faut beaucoup de détermination et de courage pour se sortir d'une situation dans laquelle on est enlisé depuis des mois et des années. Il faut vraiment vouloir réussir surtout quand on est habitué à lâcher au premier obstacle ou difficulté que l'on rencontre.

CETTE ATTITUDE MENTALE POSITIVE DOIT ÊTRE ADOPTÉE DANS TOUS LES DOMAINES DE L'EXISTENCE. On rencontre souvent des gens qui se spécialisent, qui réussissent bien dans une discipline mais qui craignent l'échec dans d'autres. QUAND ON A CONFIANCE EN SOI, C'EST EN TOUT TEMPS ET PARTOUT. Ne laissons pas l'idée de l'échec nous contrôler, nous envahir, diminuer nos possibilités, notre potentiel! Au contraire, combattons sans cesse les idées négatives. Opposons-leur du positif, du succès, de la réussite.

NOUS DEVONS NOUS VOIR EN TRAIN DE RÉUS-

SIR! Il ne faut jamais douter une seule seconde de notre réussite. Nous devons toujours entretenir l'idée du succès. Le fait de douter sème déjà dans notre subconscient le germe de l'échec. Si une idée négative vient à notre esprit, il faut immédiatement la chasser et la remplacer par une idée positive.

METTONS TOUTES LES CHANCES DE NOTRE CÔTÉ, en nous préparant judicieusement pour les travaux que nous avons à faire, afin d'éviter l'anxiété qui découle de ce qui est inconnu. Ne nous laissons jamais arrêter par l'idée que la tâche est difficile, au contraire, si nous nous préparons soigneusement nous aurons du plaisir à l'exécuter. PRÉPARONS-NOUS MENTALEMENT À RÉUSSIR, voyons-nous dans l'action obtenant du succès et nous serons surpris de voir nos résultats.

Il n'y a pas de raison valable pour nous laisser contrôler par cette peur; combattons-la à tous les jours, à chaque minute si nécessaire. Ceci nous permettra de nous renforcer mentalement, de développer notre confiance personnelle, de prendre des décisions et surtout de réaliser des progrès dont nous serons fiers. Tout ceci, parce que nous aurons eu la force, le courage et la détermination de nous réaliser en tant qu'être humain!

Confiance - Bonheur - Force Mentale

Il faut que vous visualisiez et viviez les choses que vous désirez dans votre tête avant de les réaliser.

VOYEZ-VOUS EN TRAIN DE RÉUSSIR

Questions:

— Est-ce que vous avez réussi à mater cette peur de l'échec? Élaborez comment?

_____

_____

_____

— Utilisez-vous la relaxation ou la méditation dans votre vie?

_____

_____

_____

— Possédez-vous la confiance personnelle que vous pouvez réaliser votre rêve le plus précieux?

_____

_____

_____

XVIII

Le bonheur dans l'équilibre

En cherchant à atteindre notre équilibre personnel, nous faisons un pas de plus en direction du bonheur.

LE BONHEUR DANS L'ÉQUILIBRE

BEAUCOUP DE PERSONNES, dans plusieurs domaines, RECHERCHENT L'ÉQUILIBRE DANS LEUR VIE mais, la plupart du temps, elles ne prennent pas les bons moyens. Comment voulez-vous obtenir ou atteindre un équilibre de vie quand on n'a pas la moindre idée de ce que ça peut être ou même de la signification de ce mot.

Si je vous demandais au moment où vous lisez ce livre qu'est-ce que c'est pour vous, quelle signification DONNEZ-VOUS AU MOT «ÉQUILIBRE»? Je crois qu'il vous faudrait quelques secondes et même, pour certains, quelques minutes avant de trouver une réponse.

Ce qui vous vient dans la tête, ce sont plutôt des images, des situations dans lesquelles vous vous voyez en train de rechercher un certain équilibre, en train de passer à l'action, de faire des choses où vous vous sentez bien.

AUJOURD'HUI, JE VEUX VOUS AMENER À FAIRE UNE RÉFLEXION AVEC MOI, faire une certaine prise de conscience, un retour sur vous-même, vous arrêter quelques secondes et comprendre la signification et l'importance de ce mot dans votre vie.

Il nous faut déborder de la signification du mot et voir à quel niveau, dans quel domaine de notre vie, nous devrions nous concentrer, diriger nos énergies, afin d'OBTENIR CET ÉQUILIBRE AU MAXIMUM.

Pour certains d'entre nous, ce sera au niveau de notre relation de couple, pour d'autres, l'éducation ou le temps consacré aux enfants, d'autres encore, ce sera les loisirs, le travail et pour certains, ce sera la recherche de l'équilibre, au niveau de leur commerce, l'équilibre sur le plan financier, des achats, de la vente, de la publicité, de l'administration, etc.

QUE CHERCHONS-NOUS VRAIMENT? Qu'est-ce que nous voulons faire avec notre vie? Ce n'est pas une question d'âge ni de santé! Il y a toujours de la place pour l'amélioration! Il faut se prendre en main à chaque jour, à chaque moment, à chaque instant si nous voulons retrouver cet équilibre de vie et même le maintenir!

REGARDONS-NOUS AGIR, demandons aux personnes en qui nous avons confiance, comment elles nous perçoivent, à notre entourage, à nos amis, à nos enfants mêmes. À travers ces réponses, nous découvrirons des traits de personnalité, de caractère que nous n'avions peut-être même pas soupçonnés encore. IL EST DIFFICILE SOUVENT DE SORTIR DU BROUILLARD, de se regarder en face, avec nos qualités, nos défauts. Nous avons plutôt tendance à fuir ces moments, à les mettre de côté. Nous répondons: «Ça, ce n'est pas pour moi! Je n'ai pas besoin de ça! C'est bon pour les autres, etc...» Nous devenons des spécialistes de La fuite...»

Plutôt que de dépenser ses énergies à s'excuser, concentrons-les à RECHERCHER SON ÉQUILIBRE, à améliorer sa situation familiale, sociale, financière, à faire progresser et grandir son but, à se faire de nouveaux amis; prenons des risques! Faisons quelque chose, passons à l'action!

Ce n'est pas le temps de remettre les choses au lendemain; C'EST À CHAQUE JOUR QU'IL FAUT SE PRENDRE EN MAIN, essayer des choses nouvelles, se prouver qu'on a confiance en soi, qu'on est capable de réussir. Et c'est dans les situations les plus difficiles qu'on doit redoubler d'efforts, se cracher dans les mains, comme on dit en «bon Québécois», et se sortir de son pétrin. N'OUBLIONS PAS QU'IL Y A AU MOINS UNE BONNE SOLUTION À CHAQUE PROBLÈME.

Donc, si c'est difficile ces temps-ci dans votre vie, redoublez d'efforts, cherchez des idées nouvelles, demandez conseils aux bonnes personnes et surtout soyez réaliste, tout en gardant espoir pour des jours meilleurs.

LE BONHEUR DANS L'ÉQUILIBRE

Questions:

— Quelle signification donnez-vous au mot «équilibre», au mot «bonheur»?

_____

_____

_____

— Dans votre vie, pensez-vous avoir réussi à atteindre un certain degré d'équilibre?

_____

_____

_____

— Pouvez-vous énumérer quelques moyens que vous prenez pour renforcer cet équilibre?

_____

_____

_____

XIX

Sachez apprécier ce que vous avez

À un moment donné, il faut s'arrêter et faire le point dans notre vie, en toute objectivité.

SACHEZ APPRÉCIER CE QUE VOUS AVEZ

SOMMES-NOUS CAPABLES D'APPRÉCIER CE QUE NOUS AVONS ET CE QUE NOUS POSSÉDONS? Plusieurs personnes se plaignent qu'elles ne possèdent pas assez, qu'elles n'obtiennent pas assez de la vie, qu'elles aimeraient en avoir davantage pour être bien et pour être heureuses. Elles ne voient pas ce qu'elles ont, ce qu'elles possèdent, ce que la vie leur donne, leur apporte. Alors, elles sont malheureuses, dépressives; elles ont l'impression qu'elles sont saturées et qu'elles ne progressent plus.

Pourtant, si on s'arrête pour les regarder, on s'aperçoit que la vie les a combléses sur tous les plans; autant au NIVEAU MATÉRIEL car ces gens possèdent maison, auto, chalet et autres mais ils s'en plaignent encore. SUR LE PLAN FAMILIAL, ils ont un conjoint qui les aime, s'occupe d'eux, les aide, les supporte au besoin, leur apporte des joies; ils ont des enfants qui progressent normalement, qui grandissent, qui vont aux études, ne leur causant pas plus de problèmes que tous les autres enfants et qui les aiment. AU NIVEAU DE LA SANTÉ, elle est passable car elle suit le moral mais ils n'auraient qu'un petit peu plus d'efforts à faire pour l'améliorer; pour eux, c'est une question de choix. La plupart d'entre eux ont un travail agréable qui leur apporte des satisfactions monétaires et personnelles.

Malheureusement CES PERSONNES OUBLIENT SOUVENT L'ASPECT SPIRITUEL DE LEUR VIE. Elles croient que tout leur est dû et que ça devrait tomber du ciel comme par enchantement mais elles ne font même pas l'effort de le demander.

Tous les grands personnages qui ont réussi leur vie ou des exploits incroyables, avaient LA FOI EN QUELQUE CHOSE. Je ne veux pas nécessairement parler de religion ici. Tout d'abord ils commençaient par croire en eux, en leur potentiel personnel, en leur qualité, en leur évolution et leur progrès. Ils se définissaient des objectifs, des buts à atteindre et se créaient des formes de motivation qui les poussaient à aller plus loin; ILS ALLUMAIENT UN FEU SACRÉ EN EUX qui alimentait ou augmentait l'énergie dont ils avaient besoin pour fonctionner, pour bouger et passer à l'action.

De plus, ILS AVAIENT CETTE CAPACITÉ D'APPRÉCIER CE QU'ILS POSSÉDAIENT ET D'EN REMERCIER À CHAQUE JOUR LA VIE. Ils étaient heureux de chaque nouvelle chose qu'ils recevaient et découvraient. Ils développaient à tous les jours cette capacité de s'exciter, de s'enthousiasmer d'une façon positive, ce qui aide à créer cette combustion énergique que tout être humain a besoin pour s'épanouir et progresser dans sa vie.

FAISONS ATTENTION pour ne pas nous retrouver dans des situations où on se sent dépassé par la vie, désabusé, pour ne pas dire plus... où lentement on a l'impression que l'on se vide continuellement. GARDONS TOUJOURS CETTE FORME D'ENTHOUSIASME, DE DYNAMISME ET DE NAÏVETÉ QUI RESSEMBLE À CELLE DE L'ENFANT, afin de toujours pouvoir continuer à développer cette possibilité en nous, d'apprentissage, d'émerveillement, d'excitation qui nous apportera des satisfactions continuellement à tous les jours.

Je recevais en consultation dernièrement, un homme qui était complètement démotivé et qui pourtant, avait tout pour être heureux, mais il ne le voyait pas. Sous l'effet de la fatigue, d'une baisse d'énergie, d'un moment difficile à vivre, nous avons souvent l'impression que tout s'écroule autour de nous. Mais, si nous prenons le temps de regarder l'ensemble de la situation, NOUS CONSTATONS QU'IL EN RESTE BEAUCOUP PLUS QUE NOUS L'AURIONS CRU. Souvent, nous n'avons pas à recommencer mais tout simplement à poursuivre ce que nous avons déjà échafaudé, réalisé.

SACHEZ APPRÉCIER CE QUE VOUS POSSÉDEZ. Soyez toujours conscient de votre potentiel et de ceux des autres; respectez-le et servez-vous-en pour réaliser toutes les choses qui sont importantes pour vous et qui vous tiennent à cœur. AYEZ L'OBLIGEANCE ET LA MODESTIE DE REMERCIER POUR TOUT CE QUE VOUS RECEVEZ DE LA VIE et aussi, pour ce qui est à venir. N'ayez pas peur de demander; soyez exigeant envers la vie car elle l'est envers vous. Et n'oubliez jamais, que VOUS RECEVREZ DANS LA MESURE OU VOUS DON-NEREZ!

Gardons toujours cette forme d'enthousiasme, de dynamisme et de naïveté qui ressemble à celle de l'enfant!

Nous avons tendance à apprécier ce que nous avons souvent quand nous le perdons.

SACHEZ APPRÉCIER CE QUE VOUS AVEZ

Questions:

— Vous êtes-vous donné la chance d'évaluer ce que vous possédez, sur tous les plans dans votre vie? Si non, faites-le!

_____

_____

_____

— Suite à cette évaluation, ressentez-vous une certaine satisfaction personnelle?

_____

_____

_____

— Pensez-vous de temps à autre à remercier la «Vie» pour ce que vous possédez déjà et ce qui est à venir?

_____

_____

_____

XX

CESSEZ d'attendre la perfection

L'Expérience est la somme de nos erreurs. Donc, prenez des risques calculés!

CESSEZ D'ATTENDRE LA PERFECTION

Comment peut-il y avoir tant de monde qui se regarde vivre comme sur UN ÉCRAN DE CINÉMA, et qui ne font rien pour changer et pour se prendre en main?

Dans ma pratique privée, comme travailleur social, je rencontre des quantités de personnes malheureuses, qui ont des problèmes personnels, qui manquent de motivation et qui n'ont pas de buts dans la vie. Ces personnes sont handicapées mentalement par la méfiance, la peur et le doute. L'inquiétude les ronge continuellement, elles manquent de confiance, de sécurité personnelle. LEUR ATTITUDE, FACE À LA VIE, EST DES PLUS NÉGATIVE. ELLES ONT TENDANCE À PANIQUER POUR TOUT ET POUR RIEN. Ces personnes sont malheureuses, elles souffrent. Leur corps porte le poids de leurs souffrances mentales. Bien souvent, la maladie s'empare d'elles. LE CORPS EST SIMPLEMENT LE REFLET DE L'ESPRIT. Ces mêmes personnes se retrouvent dans un «CUL DE SAC» et elles deviennent démunies face à la vie.

Tout le potentiel énergétique que ces gens possèdent comme être humain n'est pas utilisé. Malgré tout, elles arrivent à canaliser quand même assez d'énergie pour se trouver des excuses de ne pas réussir, et expliquer ce qui va mal. Cette énergie qu'elles utilisent pour «l'excusite», pourrait servir tout autant à TROUVER DES MOYENS POUR AMÉLIORER LEUR VIE en général. Regardons-nous un peu, réfléchissons sur notre vie personnelle, notre contexte de travail, notre vie de couple, etc...

NOUS RESSEMBLONS QUELQUEFOIS À CES GENS QUI ATTENDENT QUE TOUT SOIT PARFAIT AUTOUR D'EUX POUR BOUGER. Avec cette mentalité, ce mode de pensée, ils ne feront jamais rien de leur vie. ILS REGARDENT PASSER LA PARADE COMME DIRAIT JEAN-MARC CHAPUT. REGARDONS-NOUS DE TEMPS EN TEMPS PASSER LA PARADE? C'EST TOUJOURS BON POUR LES AUTRES, PAS POUR NOUS! «Je suis bien comme je suis, je ne vais pas commencer à bousculer ma vie, à apporter toutes sortes de changements à mon âge! LE CHANGEMENT, C'EST TROP RISQUÉ, ÇA DÉRANGE. Je veux avoir une petite vie calme, sans risque, je ne veux pas de troubles; j'en ai assez au travail...»

Nous pourrions continuer à trouver des excuses encore longtemps, c'est si facile. Ce qui est plus difficile, c'est de FAIRE LE CHOIX DE S'IMPLIQUER, de prendre des risques, de s'affronter soi-même, de se poser des questions et d'y trouver des réponses, de s'aimer, d'aimer la vie avec toutes les difficultés qu'elle comporte.

CESSONS D'ATTENDRE LA PERFECTION! Cessons de nous servir de cette excuse pour nous flatter le ventre et ne rien faire. COMMENÇONS À BOUGER AVEC CE QUE NOUS POSSÉDONS MAINTENANT. PAS DEMAIN, TOUT DE SUITE! Payons-nous quelque chose qu'on désire depuis longtemps. Travaillons au niveau de notre personnalité pour renforcer une qualité, changer un défaut. Aidons quelqu'un bénévolement. Faisons preuve d'engagement, d'amour envers les autres, de courtoisie, de respect...

L'être humain, comme la nature, est en perpétuel mouvement. Donc embarquons dans ce mouvement d'harmonie et de paix. PRATIQUONS TOUJOURS LA RÈGLE D'OR et, avec le temps, la patience, la persévérance, nous récolterons les résultats positifs de nos actions. DONNEZ AUX AUTRES CE QUE VOUS AIMERIEZ RECEVOIR et soyez heureux!

Action - Changement - Expérience

Cette page vide représente une personne qui attend la perfection...
Il ne se passe rien dans sa vie.

CESSEZ D'ATTENDRE LA PERFECTION

Questions:

— Est-ce que vous regardez passer votre vie comme sur «un écran de cinéma», sans rien changer?

_____

_____

_____

— Est-ce que votre vie est un «cul de sac» ou une «autoroute» avec plusieurs voies rapides?

_____

_____

_____

— Est-ce que votre désir d'être heureux est assez intense pour vous faire passer à l'action ou si vous préférez subir votre sort tout en maugréant et en continuant d'être malheureux?

_____

_____

_____

CONCLUSION

Si vous me lisez maintenant, c'est que vous avez réussi à absorber tout ce que je vous ai dit depuis le début. Bravo! Je suis convaincu que certains ont lâché après quelques chapitres, car ce livre est bousculant... Ça prouve que vous êtes prêt à vous regarder bien en face, à prendre les moyens et à y mettre l'effort nécessaire pour continuer à vous améliorer.

Pour ceux qui n'ont pu lire jusqu'ici, souhaitons-leur simplement, avec beaucoup d'amour, qu'un jour, la lumière se fasse dans leur vie, et espérons que les quelques chapitres qu'ils ont lu, y contribuent.

Être heureux, atteindre le succès, le bonheur, c'est le résultat d'un effort continuel... Ça n'arrive pas seul et ça ne tombe pas du ciel non plus. Nous le créons, le bâtissons, l'inventons à chaque jour. C'est la seule façon.

Dans ce livre, comme vous l'avez constaté, je n'ai pas inventé une grande théorie scientifique nouvelle, intellectuelle. Non. Je me suis simplement servi de mon expérience, d'une vingtaine d'années de pratique comme thérapeute, de ma recherche personnelle, des cours et conférences que je donne.

Chacun fait le choix de vivre sa vie à sa façon, consciemment ou inconsciemment. C'est un facteur qu'on doit respecter mais qui n'est pas «statique». La nature change continuellement, l'être humain aussi.

Dans toute cette évolution, le plus difficile, c'est de trouver son équilibre sur tous les plans de sa vie et surtout, de le maintenir à chaque instant...

Je souhaite, à travers ces quelques chapitres, vous avoir aidé à développer votre «recette infaillible» personnelle, qui vous permettra de vous épanouir encore davantage.

Puissiez-vous, dans votre vie, développer l'amour, la santé, le bonheur et le succès... Ceci vous permettra de vivre en plus grande harmonie avec vous-même, avec les autres, avec la vie...

Bon courage, vous méritez d'être heureux!

André Sarrazin

DÉCOUVREZ L'AUTEUR

En plus d'être dans le domaine de la motivation et des relations humaines, l'auteur s'implique aussi dans le domaine des thérapeutiques naturelles.

Il fait de la pratique privée comme travailleur social, hypnothérapeute, naturothérapeute, acupuncteur et motivologue.

Il donne aussi des cours de motivation, communication, hypnose, auto-hypnose, hypnothérapie, magnétisme personnel, relaxation, épanouissement personnel, programmation du subsconscient.

Il est aussi membre de nombreux organismes ou associations tant au Québec, au Canada qu'aux États-Unis.

Il a préparé des cassettes de détente, motivation, relaxation ainsi que de nombreux cours d'auto-perfectionnement aussi sur cassettes, pour nous aider à améliorer notre potentiel, en utilisant une méthode «subliminale».

Les personnes ou les groupes intéressés à le contacter, soit pour un commentaire, de l'information, une consultation privée, un cours, une conférence ou simplement la liste des cassettes et des cours d'auto-perfectionnement peuvent s'adresser à:

ANDRÉ SARRAZIN
C.P. 1512, St-Martin
Laval (Québec)
H7V 3P7
(514) 688-3582

ou: a/s CLINIQUE CORESPRIT
8673 St-Denis
Montréal (Québec)
H2P 2H4
(514) 388-0413/3636

ORGANISMES

L'auteur est:
— membre de la Corporation professionnelle des Travailleurs Sociaux du Québec
— membre de l'Association Canadienne des Travailleurs Sociaux
— membre de l'Association des Hypnologues du Québec
— membre de l'Ordre des Naturothérapeutes du Québec
— membre de la Société des Acupuncteurs C.B.P. du Québec inc.
— vice-président de l'Association Québécoise de l'Hypnose
— président de l'Association des Hypnothérapeutes du Québec
— président de l'Association Québécoise de Recherche et Développement en magnétisme humain
— président de l'Association Nationale des Motivologues
— reconnu comme «Hypnothérapeute Professionnel» et membre de «American Association of Professional Hypnotherapists»

Les personnes intéressées à découvrir ou mieux connaître ces organismes, ont simplement à contacter l'auteur pour avoir de l'information.

Téléphonez ou écrivez à:
ANDRÉ SARRAZIN
C.P. 1512, St-Martin
Laval (Québec)
H7V 3P7
(514) 688-3582

ou: a/s Centre Coresprit
8673 St-Denis
Montréal (Québec)
H2P 2H4
(514) 388-0413/3636

Publications
chez
le même
éditeur

En vente chez votre libraire
ou écrivez à:
Le Cercle international des Gagnants
C.P. 57 Succursale R
Montréal (Québec)   H2S 3K6

En vente chez votre libraire
ou écrivez à:
Le Cercle international des Gagnants
C.P. 57 Succursale R
Montréal (Québec)   H2S 3K6

En vente chez votre libraire
ou écrivez à:
Le Cercle international des Gagnants
C.P. 57 Succursale R
Montréal (Québec)   H2S 3K6